社員が「自ら動き」「自ら成長する」チームのつくり方

佐々木啓治著

セルバ出版

はじめに

私はこれまで「年商30億円の壁」や「社員30名の壁」など、わかりやすい1つの指標として企業の規模で表現した「成長の壁」に阻まれている企業を専門的にサポートしてきました。

そのように携わってきた顧客企業の中で、多くの経営者や管理職の方が悩みとして必ず口にするものが「社員が育たない」です。

「ウチの社員は指示しないと動かない」「スタッフが思ったように成長してくれない」など、これらの悩みは業種や規模に関係なく、ほとんどの企業で抱えている悩みであると感じています。

実際に、企業や管理職に対する様々な調査においても「人の育成」は悩みの上位に必ず存在しています（図表1）。

にもかかわらず、別の調査において「重要な経営課題」とされるトップの「人の育成」に対して、実際に手を打っている会社が少ない、という事実もあるのです（図表2）。

しかも規模が小さい企業のほうが規模の大きい企業よりも、社内外問わず研修を代表とするような「人の育成」に対する施策の実施率が低いのです。

これらのデータもさることながら、私がこれまで多くの企業、そして管理職と言われるマネジメントのあり方を見てきて思うのは、管理職が管理職になる前に「管理職の勉強」をせずに管理職になってしまうので、上司部下間のマネジメントはもちろん、会社全体としてのマネジメントが機能せず、結果的にマネージャーを含めた「人の育成ができない企業」になっている場合が非常に多いということです。

HR総研の調査によると「管理職研修を運営する上での課題」のトップは38％で「実施効果の測定ができていない」でした。私もよく聞きますが「研修をしても効果が出ない」「効果があるかわからない」という理由で人の育成に躊躇している企業が多くあります。

確かに目に見えづらいものなので、そのような理由もよくわかりますが、しかし決して研修ではなくとも「何かをやらなければ何も変わらない」のです。

管理職の勉強は管理職になってから現場で学んでいく、といういわゆる「ＯＪＴ」のような考え方もありますし、実際そのようなトレーニングも効果的でしょう。

ただ、何も学んでいない管理職の下につく部下からすると、それは自分が管理職のマネジメントトレーニングのための「実験台」扱いされているようなもので、たまったものではありません。実際そのような体制によって、しっかりと育成すれば成果を確実に出していた社員が、配属された上司によって「腐ってしまう」状況も多く見てきました。

２０２３年現在、海外情勢の不安定さ、物価高、そして人材不足など、企業が取り巻かれているこの環境下において、今いる社員を１人でも多く戦力化し、そして成果を上げていくことが更に重要性を増しています。

その「人の育成」という不変的な企業ニーズに対して、そのニーズを満たすようなマネジメントに関わる書籍や研究が多く発表されていますが、「人をこのようにして成長させる」「社員をこのような形で動かすことができる」というテクニック論が非常に多いです。

特にインターネットの普及から、現代においてはSNSのコモディティー化に伴って「簡単に」「すぐに」という点が重視される傾向にあり、手っ取り早く効果が出そうなテクニックを学びたがる人が多く、またそのようなニーズにマッチするコンテンツも多いことから、そのような流れが出来上がっていると思います。

もちろん世の中には素晴らしいテクニックも多くあり、効果の期待される考え方も多くありますが、テクニックだけでは、テクニック先行のマネジメントだけでは「人の育成」はできませんし、私はそのような失敗事例も多く見てきました。

「人を育てられる会社、管理職」とそうではない会社、管理職の違いは何なのか。本書では「社員が自ら動き、自ら成長する」強いチームのつくり方を、直接部下をマネジメントする管理職がすべきことや考え方と、片方で会社全体としてどう取り組むか、という視点でお伝えしていきます。

本書が、貴社の社員が自ら動き、そして自ら成長することに繋がり、そして貴社の企業成長の一翼を担えれば幸いです。

2023年11月

WITH株式会社　代表取締役　佐々木　啓治

【図表１　様々な調査で「人の育成」が管理職の悩みの上位】

管理職層・困っていること(いくつでも) n=150

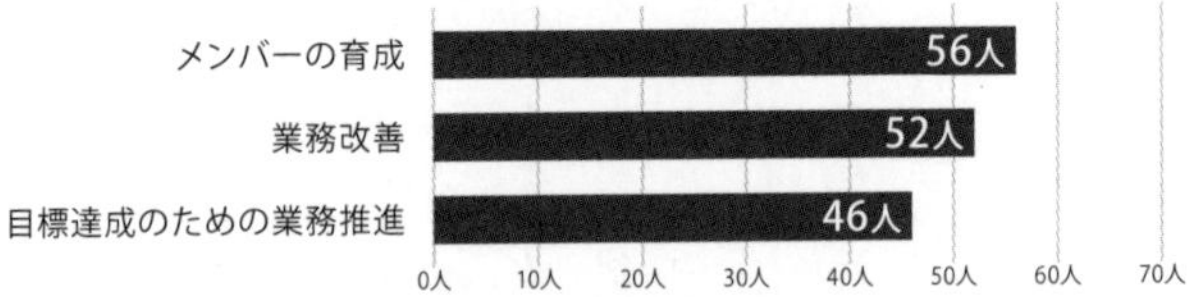

［出典］リクルートマネジメントソリューションズ社：「マネジメントに対する人事担当者と管理職層の意識調査」

あなたがマネージャーとして悩んでいることは何でしょうか？
最も近い選択肢に最大3つまでマルをつけてください。

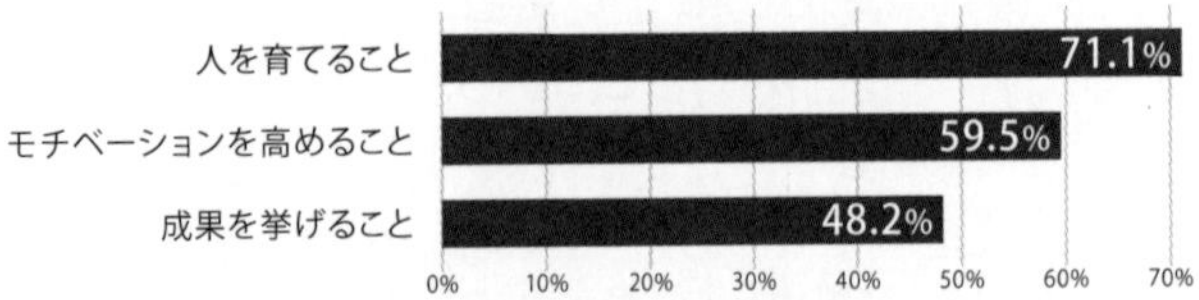

［出典］株式会社アルヴァスデザイン：「マネジメントについての意識調査結果」

管理職としてどのようなお悩みをお持ちですか？(3つ以内で回答)

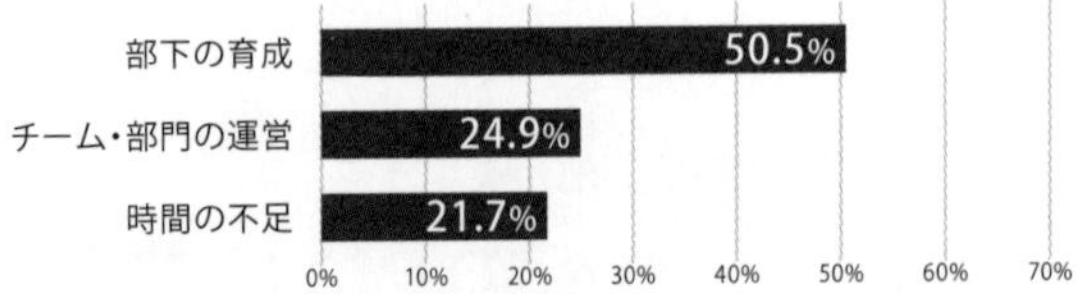

［出典］ラーニングエージェンシー社：「管理職の意識調査」

多くの管理職が挙げている項目

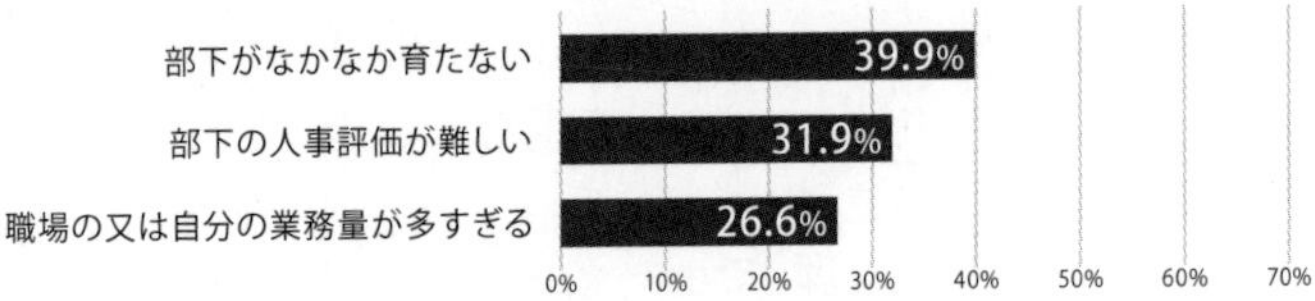

［出典］厚生労働省

【図表2　「人の育成」が経営課題だが手を打っていない】

重要と考える経営課題（企業規模、業種別）

■製造業　■非製造業

	小規模事業者	中規模事業者
人材 人材の確保・育成、後継者の育成・決定	66.8% 69.7%	72.7% 84.9%
営業・販路開拓 営業力・販売力の維持強化、国内の新規顧客・販路開拓、海外の新規顧客・販路開拓	61.4% 64.4%	63.1% 60.0%
生産・製造 設備増強、設備更新、設備廃棄	52.6% 13.4%	52.5% 15.9%

［出典］中小企業庁

管理職研修の実施率

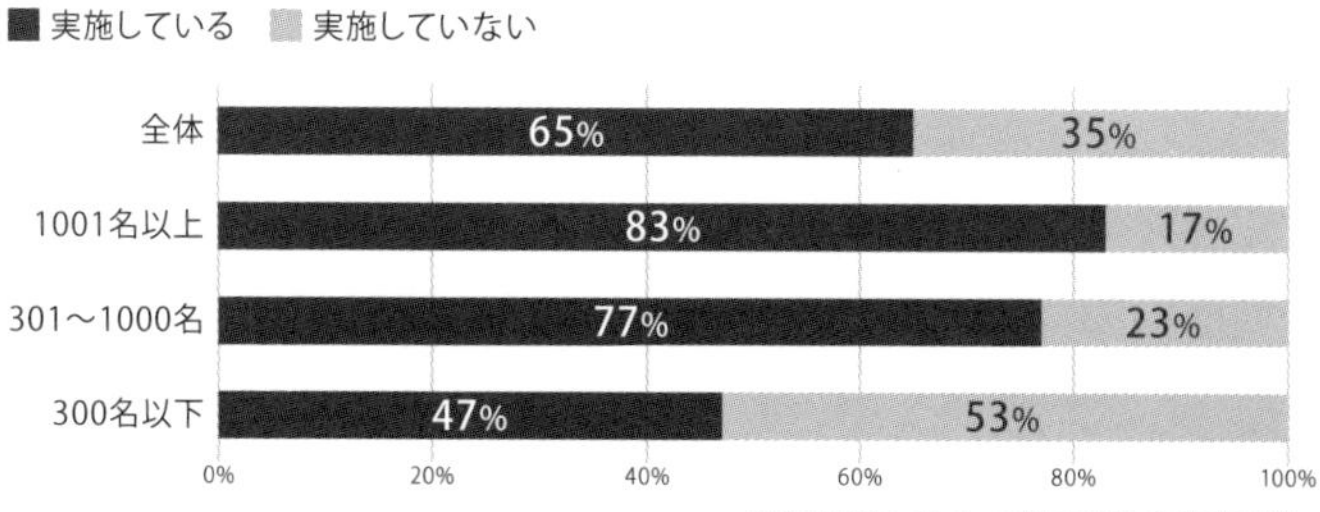

［出典］HR総研：アンケート調査「人材育成（階層別研修）」

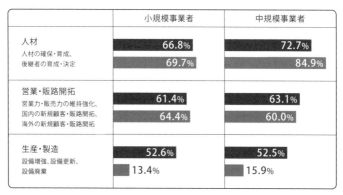

社員が「自ら動き」「自ら成長する」チームのつくり方　目次

第2章　社員が「自ら動き」「自ら成長」するＥＣＳＴモデル（模範～信用）

第3章 社員が「自ら動き」「自ら成長」するECSTモデル（支援～信頼）

顧客事例　株式会社インフィニティエージェント

第 1 章

社員が「指示待ち」「成長しない」要因

「指示待ち社員」となる原因

「指示がないと動けない」「言われたことしかやらない」このような特徴のある人材をよく「指示待ち社員」と表現します。

当然、指示がないと動けなかったり、言われたことしかやらない社員の成長速度は遅くなるため、結果的にそのような社員が「思い描いたような成長」をすることはありません。

このような会社や管理職として悩みの種である「指示待ち社員」ですが、社員が指示待ちになる原因はいくつかあります。

① ミス、失敗、叱責を恐れる

自分で判断して動いたことによって「ミスや失敗してしまったらどうしよう」という恐れが指示待ちになってしまう原因です。またそれによる上司からの「叱責」も含まれるでしょう。

なにか自分で考えて仕事をし、失敗してしまった際に「勝手に判断しないで」と上司から叱責されれば「もう余計なことはできない」と委縮し、その社員が「指示待ち」になってしまうのは目に見えると思います。

しかし、実際に上司が部下に求めるのはそのような姿勢とは相反し、株式会社ジェイックの調べでは、「若手社員に期待すること」のトップは60・9％で「失敗を恐れずに挑戦すること」という結果が出ています（図表３）。

挑戦せずに指示待ちに終始している若手社員が多く、管理職がそのような状態を鑑みた結果だと言えるでしょう。

もう1つの「若手社員の傾向」という調査においても、「応用がきく」「打たれ強い」に対して「そう思わない」ほうが圧倒的に高い回答をしていることから、若手の指示待ち傾向にリンクした回答になっていると思います。

②　次に何をしていいかわからない

そもそも知識や経験がないことによって、次に何をしていいか判断できずに指示待ちとなっている場合もあるでしょう。特に新卒社員や若手社員に関しては、個々人の能力の差こそあれ社会人経験や業界経験が少ないため「何がわからないかがわからない」という状態になっていることも珍しくありません。

仕事や業務、プロジェクトなどの「全体像」を理解していなければ、次に何をすべきか、何が必要かを理解することはできません。それは社員自身が「自分の役割」をわかっていない、とも言えるでしょう。

そのような社員に対して上司が「自分で考えて」と言っても、知識や経験が乏しいため、本人としては考えたくても考えられないのです。

【図表3　上司が若手社員に期待することと指示待ちは相反】

若手社員に期待していること

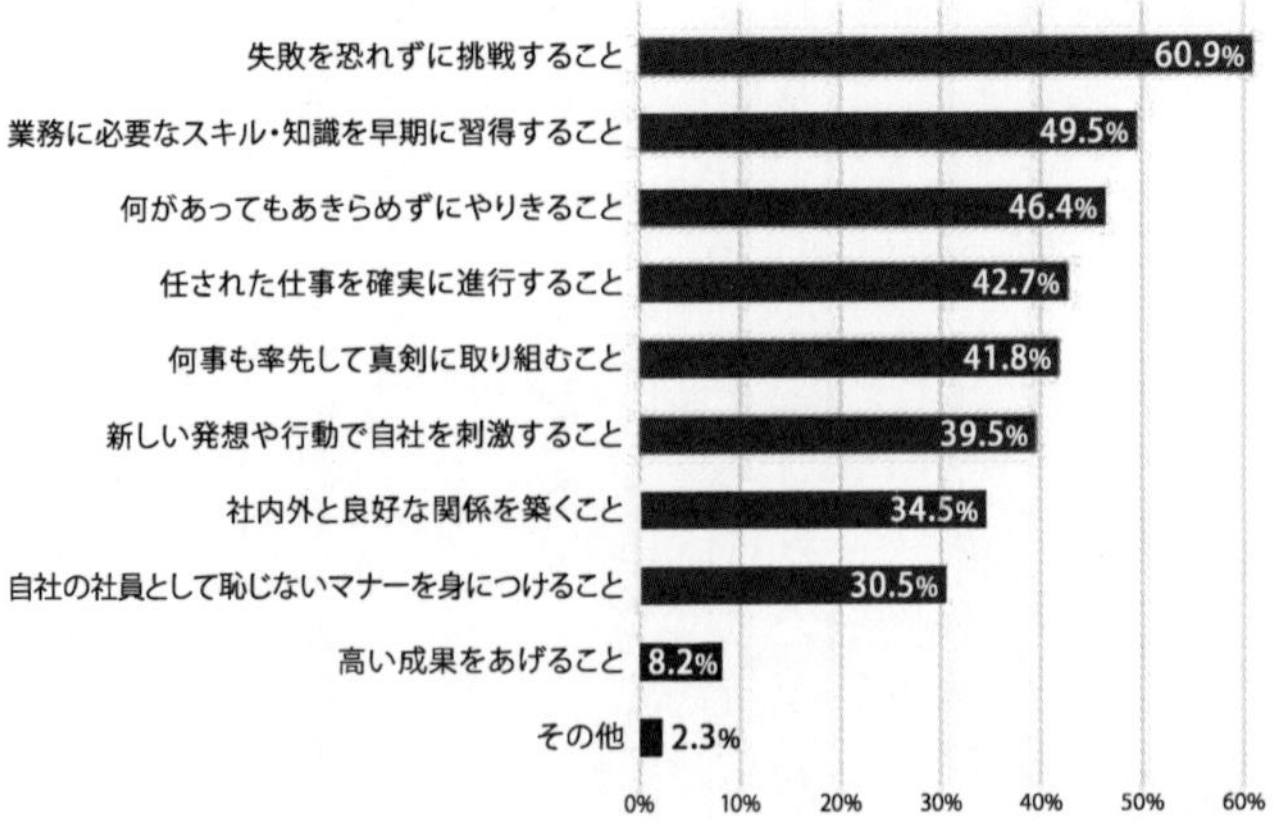

若手社員の傾向

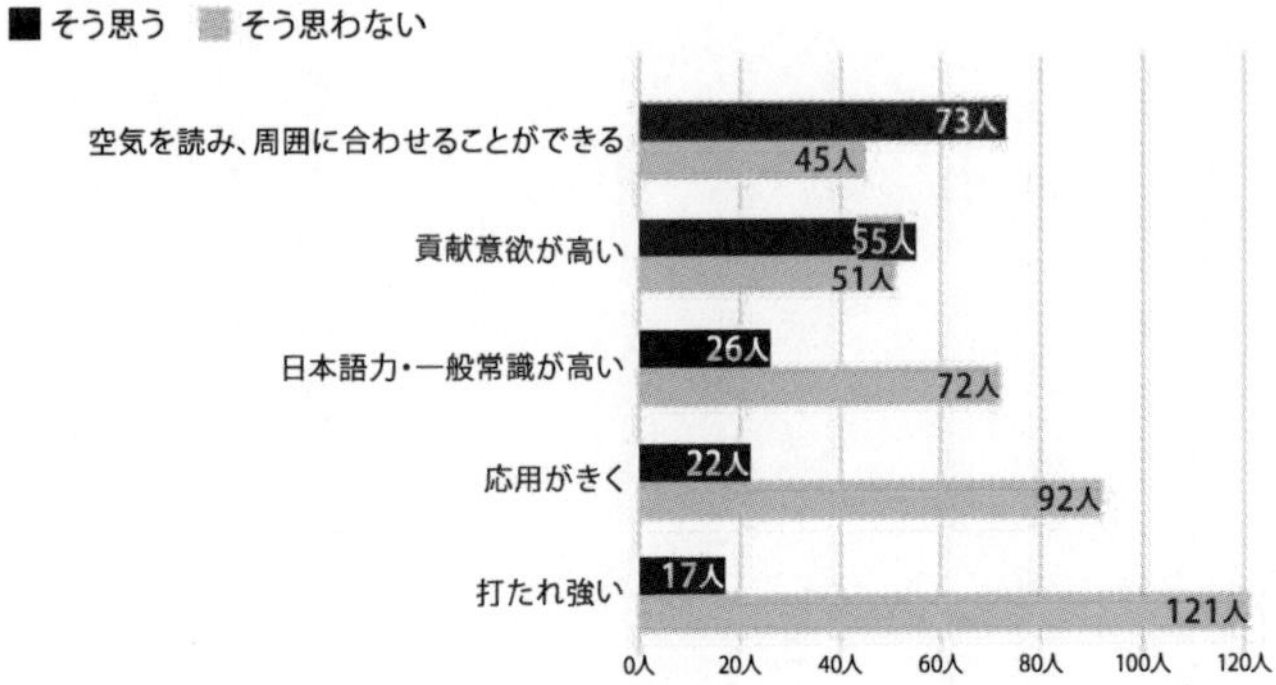

［出典］株式会社ジェイック

③　夢や目標、仕事への意義がない

自分が会社や社会人、そして1人の人間としてどのようになりたいか、という夢や目標がない人はシンプルに「仕事に対する意欲」が低いため、必要以上のことを「やる気」がありません。

それは自分自身が今現在やっている仕事に対しても同様で、従事している仕事に対する「意義」を感じていないため「指示を待っていたほうが楽」「言われたことだけやろう」という指示待ちスタイルへと繋がってしまうのです。

関連するデータとして、ＳＭＢＣコンサルティングが２０２２年の新入社員向けに行った調査で、「会社に求めること」のトップが「残業がない（少ない）・有給休暇が取得しやすい」であり、かつ「働き方」に関しては「仕事よりプライベート優先」が８割を超えるなど、いわゆる「Ｚ世代」といわれる新入社員の重視する内容の結果が、まさに仕事上で「指示待ち」傾向にあることと相関していると言えます（図表４）。

④　上司が口を出し過ぎている

上司が仕事や業務を丁寧に教えるということはもちろん重要ですが、業務遂行しているプロセスの中で、あまりにも細かく、そして多く口を出し過ぎると指示待ち社員になってしまう可能性があります。

基本的にはスムーズな業務遂行の仕方をわかっている上司が教えるので、社員としてもその上司

【図表４　社員の重視する優先順位が指示待ちと相関】

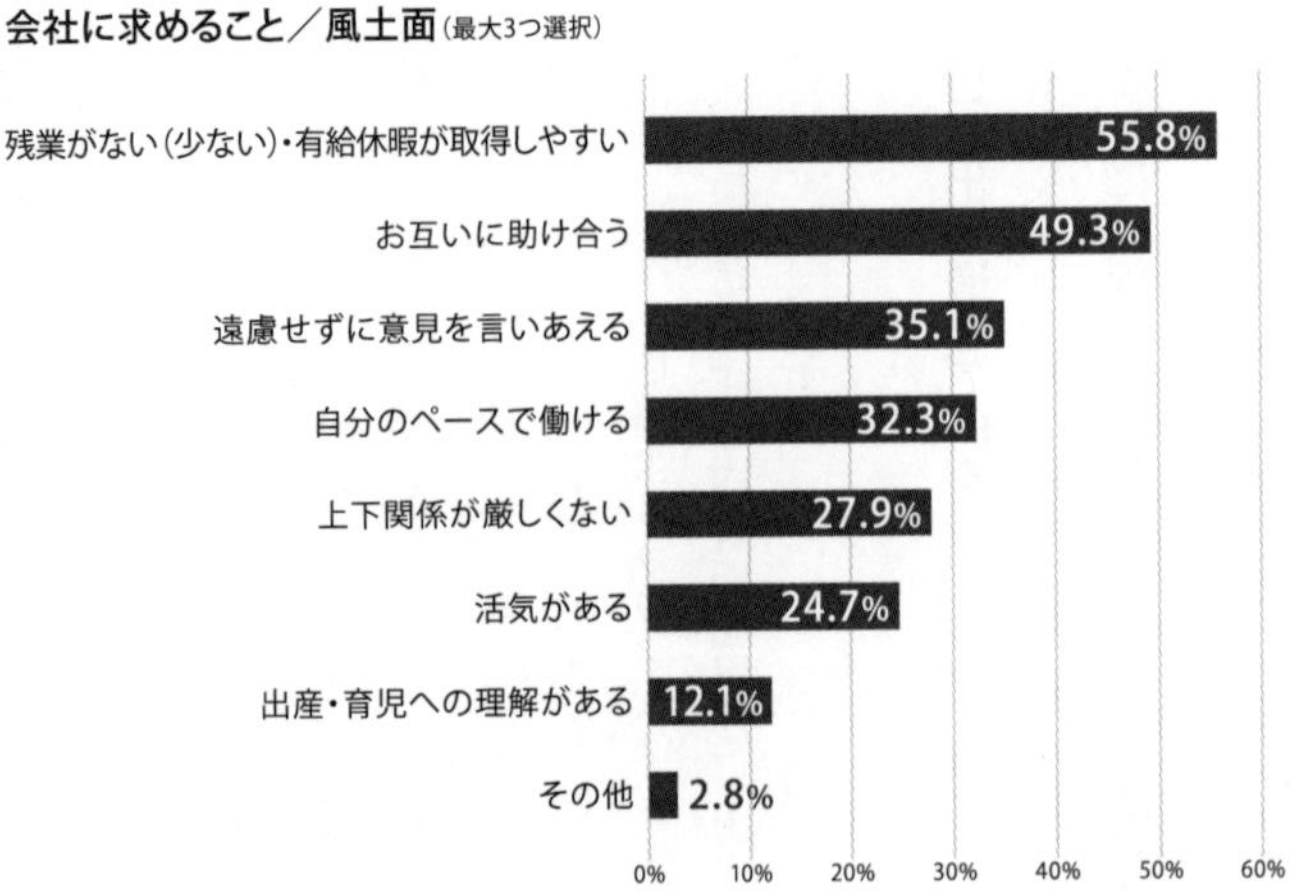

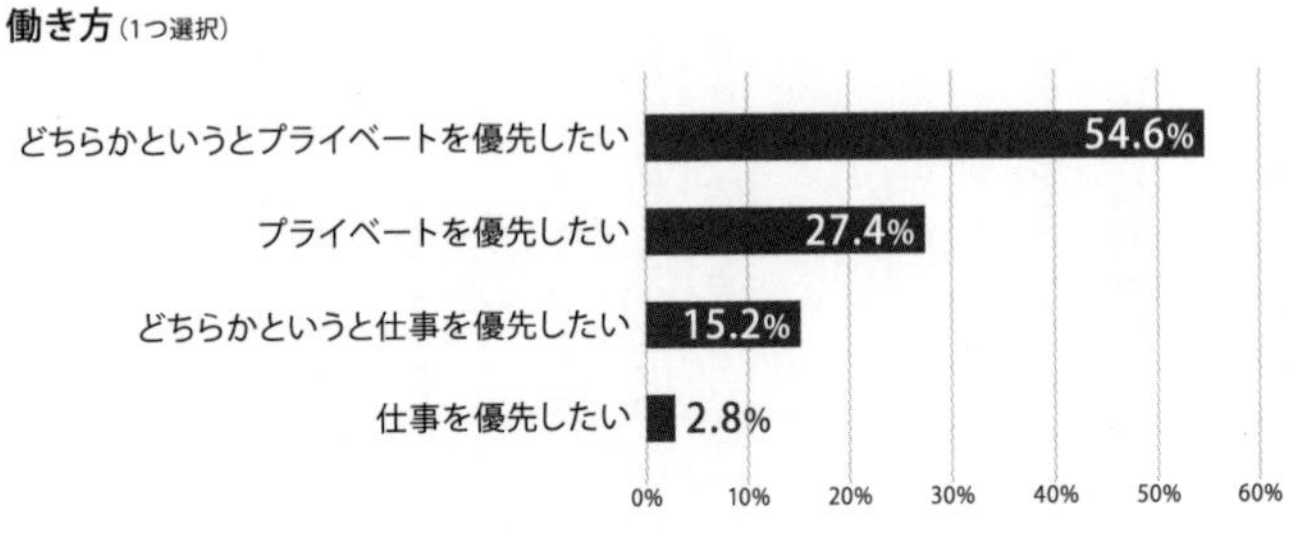

［出典］SMBCコンサルティング

の言う通り遂行すればスムーズに業務完遂できます。
最初こそそれでもＯＫだと思いますが、それが長期に渡って継続されてしまうと社員が自分で考えるということを辞めてしまい「上司の言う通りやったほうが効率がよく、早い」という思考が出来上がり、結果的に指示待ちの形をとるようになってしまいます。

この傾向に関連するものとして、メルカリがZ世代に時間や透明性に関する考え方、価値観を調査したところ、1位が「効率的でないことにストレスを感じる」で、2位が「時間を圧縮するための手段・行動を考えることが多い」という結果が出ており、若手社員の「効率重視」の考え方が如実に出ていることがわかります（図表5）。

これらの指示待ち社員になってしまう要因から、社員自身の能力やパーソナリティへの課題があると同時に、実際には会社全体のあり方や、管理職の部下への向き合い方にも課題があり、それぞれの観点から解決へ向けたアクションが必要であることが言えます。

指示待ち社員の傾向

多くの企業や管理職の悩みとして聞く「指示待ち社員」ですが、実態としてはどれくらいの比率なのか、いくつかのデータを見てみると、まずマイナビ転職の「仕事の進め方」に対する自己認識で、自分には主体性があると捉えているか、指示待ちタイプと捉えているかについて、20代は主体

【図表5　Z世代は「効率重視」】

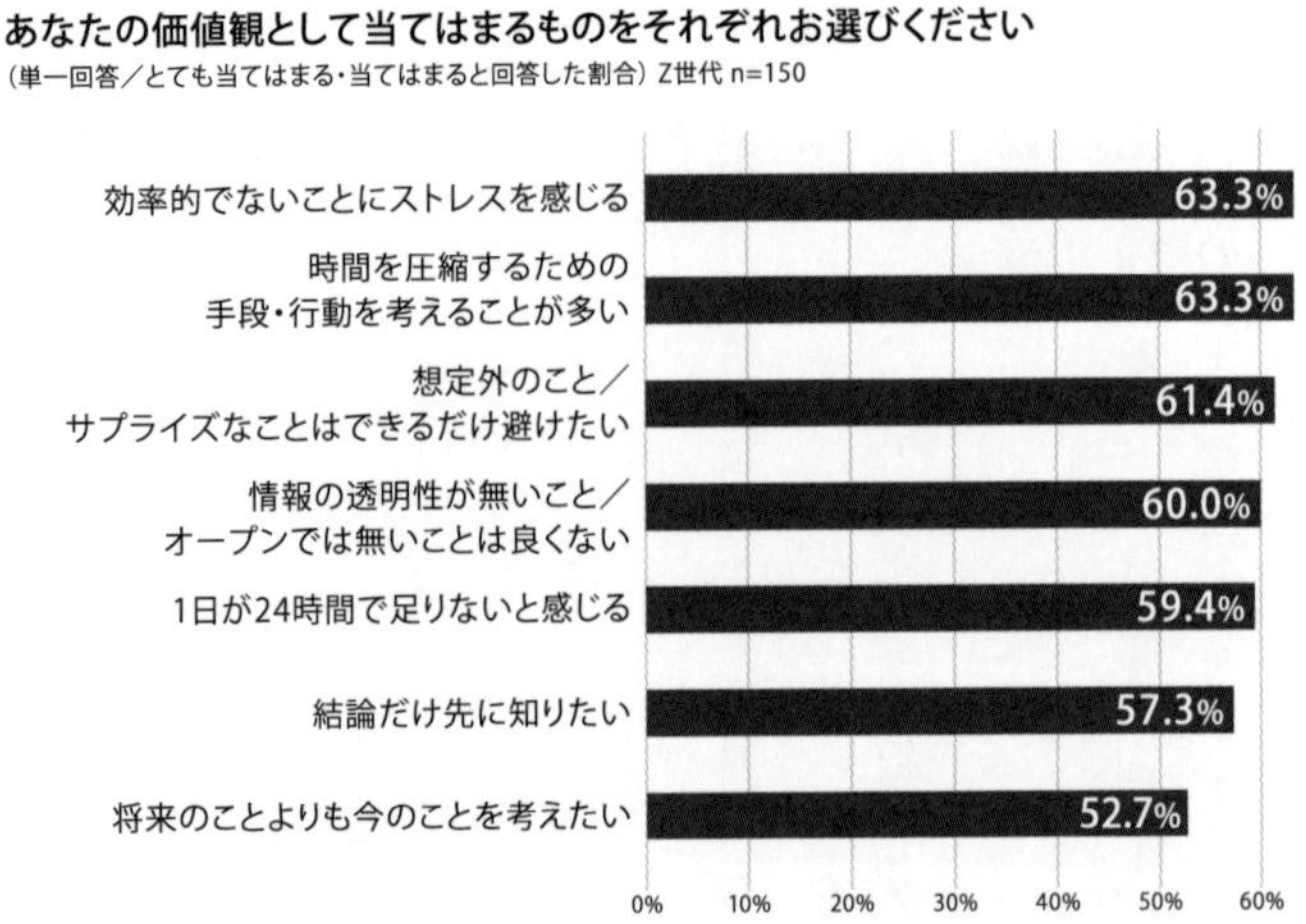

［出典］メルカリ

性より指示待ちのほうが多く54・7％で、30代以上になるとその割合は逆転し、指示待ちタイプの30代は43・5％、40代は33・5％、50代以上は22・2％という結果になっており、年齢が若いほど「指示待ちタイプ」が多い傾向にあります（図表6）。

先述の「指示待ち社員となる原因②次に何をしていいかわからない」でもお伝えしたように、20代は社会人として業界や実務の知識や経験が少ないため、そもそも「何をすればいいか」が理解不足のため、どうしても指示待ちタイプの割合は相対的に「若いほど多い」という裏づけの調査結果になっています。

またもう1つ、リ・カレント株式会

【図表６　指示待ち社員の比率】

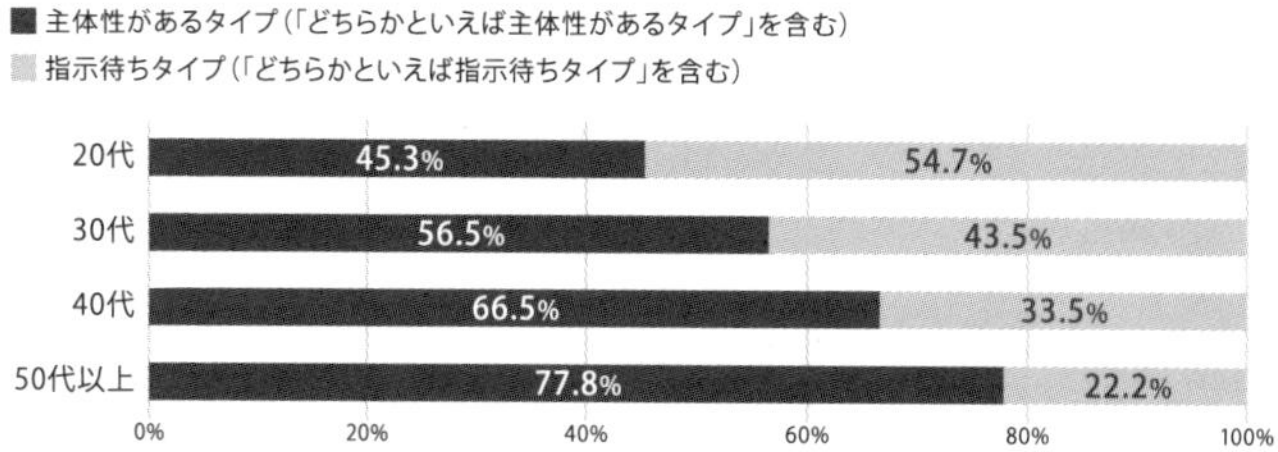

［出典］マイナビ転職

自分の仕事観＝「自分はなんのために働くのか（仕事において譲れないもの・価値観）」を持っているか

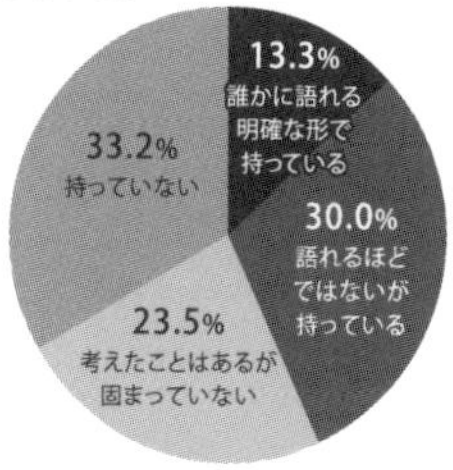

新しい環境で業務を行う状況で、自分のスタイルに近いものは何か

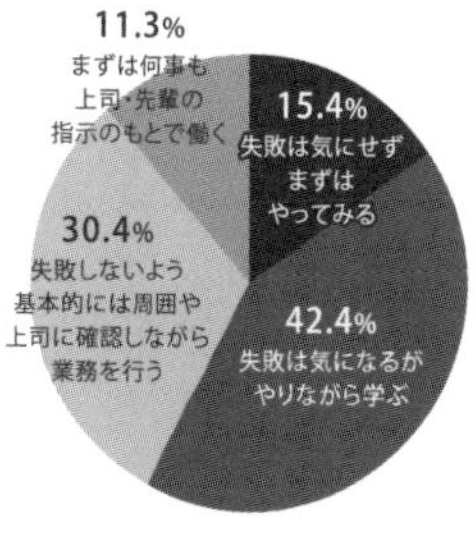

「仕事観」の有無

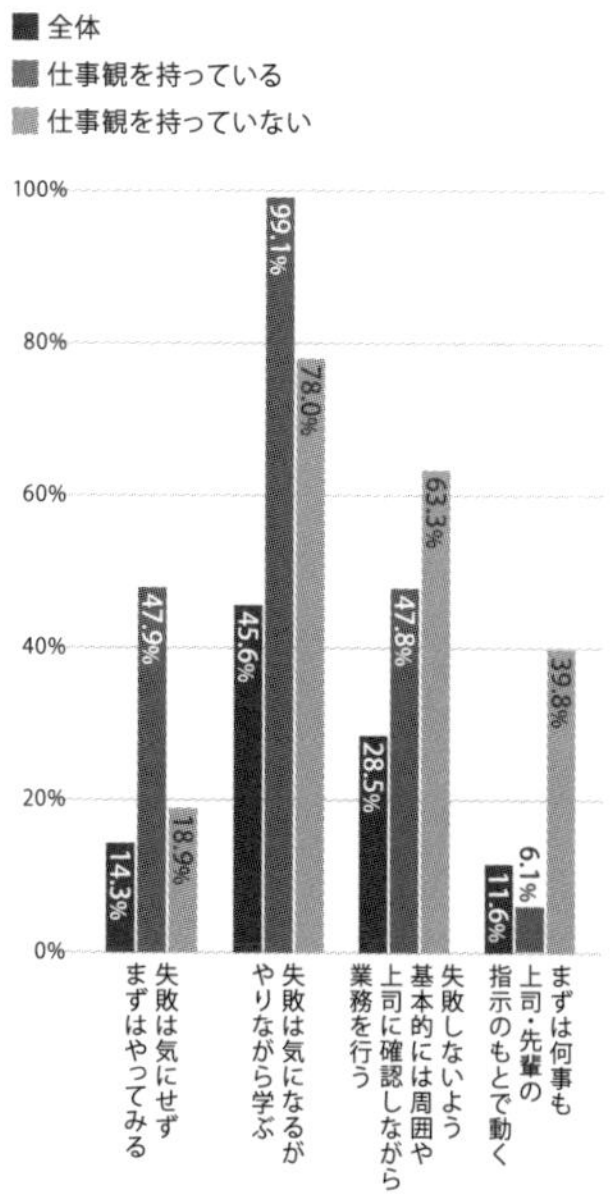

［出典］リ・カレント株式会社

社が実施した若手意識調査では「自分の仕事観の有無」と「新しい環境で業務を始める際の仕事のスタイル」との相関データが出ています。

この調査での仕事観の定義は「自分は何のために働くのか、仕事において譲れないもの・価値観」としており、「誰かに語れる明確な形で持っている」「語れるほどではないが持っている」という「ある」側の合計は43・3％で、「考えたことはあるが固まっていない」「持っていない」という「ない」側の合計は56・7％と、仕事観を持っていない若手社員のほうが多いという結果が出ています。

ちなみに図の中には記載はしていませんが「考えたことはあるが固まっていない」「持っていない」と回答した、仕事観をもっていない人のその理由に関しては、「仕事とはなにかそもそもよくわからない」が45・7％でトップとなっており、次いで「自分にとっての仕事観を考える機会がない／なかった」が25・9％、「自分にとっての仕事観を考える必要性を感じていない／いなかった」が25・2％、「周囲に仕事観をもって仕事をしているお手本となる人がいない／いなかった」が19・8％となっています（※複数回答可）。

仕事観の有無と指示待ちの相関

同様の図で、新しい環境で業務を始める際の仕事のスタイルについては「失敗は気にせずまずはやってみる」「失敗は気になるがやりながら学ぶ」という「積極性の高い」回答の合計は57・8％、「失敗しないよう基本的には周囲や上司に確認しながら業務を行う」「まずは何事も上司・先輩の指示のもとで動く」という「指示待ち」傾向の回答の合計は42・1％でした。

これらの調査を組み合わせた「仕事観の有無」と「新しい環境での仕事のスタイル」の相関関係では、仕事観をもっている人の99・1％が「失敗は気になるがやりながら学ぶ」という回答をしていることに表れているように、仕事観のもっている人ほど「まずはやってみる」というような積極性の高い回答が多くなっています。

逆に仕事観のもっていない人の約6割が「失敗しないよう基本的には周囲や上司に確認しながら業務を行う」、約4割が「まずは何事も上司・先輩の指示のもとで動く」という回答に表れているように、仕事観のもっていない人ほど「指示待ち」の業務スタイルが多い、という結果を表しています。

こちらの内容においても、先述した「指示待ち社員となる原因③夢や目標、仕事への意義がない」と関連しており、自分自身の仕事に対する意義や目標、夢などが不明確なことによって、「必要以上のことはやらない」という気持ちや「指示通りやっていたほうが怒られないし楽だ」という心情になることから「指示待ち」スタイルの業務遂行になってしまっている、という関連性、裏づけのある結果になっています。

後述しますが、このような社員自身の夢や目標、仕事の意義というものは管理職が、もっと言えば会社全体で明確にするというサポートをすべきです。

仕事観をもっていない理由でもあったように、「仕事が何かわかっていない」「考える機会がなかった」という場合においては、その教育や機会をつくるべきで、「周囲に仕事観をもって仕事をしているお手本がいない」ということも、管理職自身がその「お手本とならなければいけない」と認識すべき最たる理由でしょう。

目標達成度とマネジメント業務の相関

多くの会社、特に中小企業においては、管理職は「プレイヤー」と「マネジメント」双方を担う、いわゆる「プレイングマネージャー」である場合がほとんどではないでしょうか。

株式会社ラーニングエージェンシーの、管理職の仕事におけるプレイヤー業務とマネジメント業務の比率が、目標達成度とどのように相関するかの調査を見ていくと、毎年目標達成している管理職は「マネジメント中心」と「ややマネジメント寄り」の合計、35・1%がマネジメント業務に重心を置いていることがわかりました。

これに対し、「残念ながら部門目標や部門計画を達成したことがない」と答えた管理職では、「マネジメント中心」「ややマネジメント寄り」の合計は22・4%にとどまり、毎年目標達成している管理職と約12ポイントの差が見られました。

逆に毎年目標達成している管理職では「プレイヤー中心」と「ややプレイヤーより」の合計が36・3%に対し、目標を達成したことがない管理職のほうは、同様の合計が60・8%と2倍近いポイントの差になっています（図表7）。

【図表7　目標達成度とマネジメントの相関】

マネジメント業務とプレーヤー業務の比率と部門の目標達成の関係性

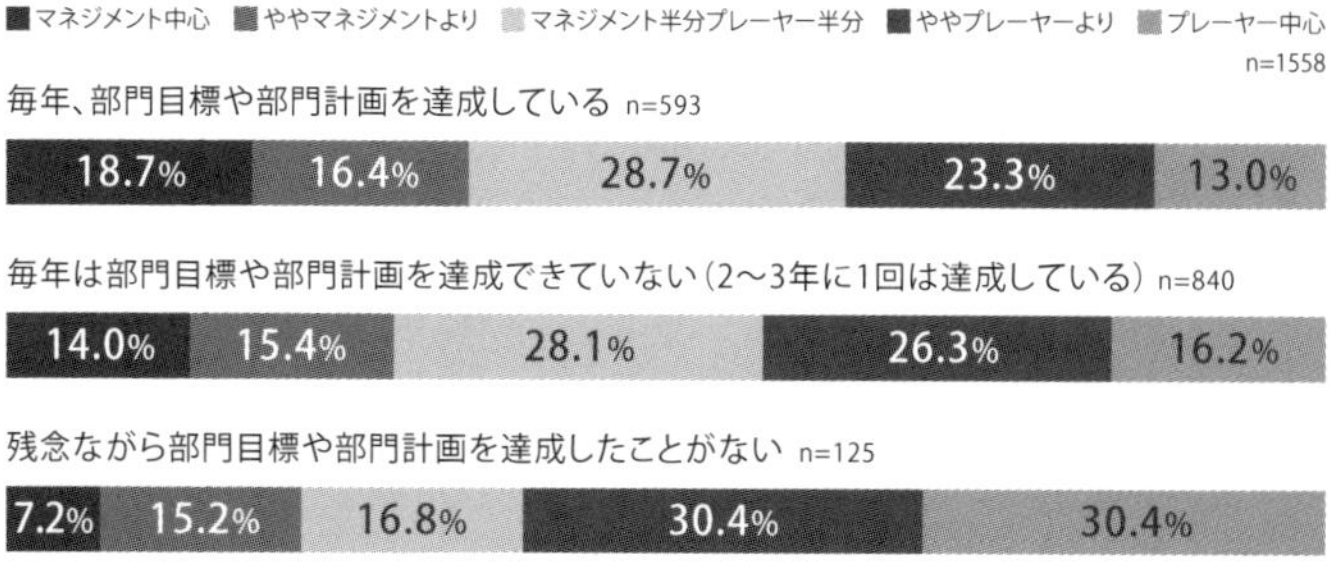

部下の成長度合いに対する考えと部門の目標達成の関係性

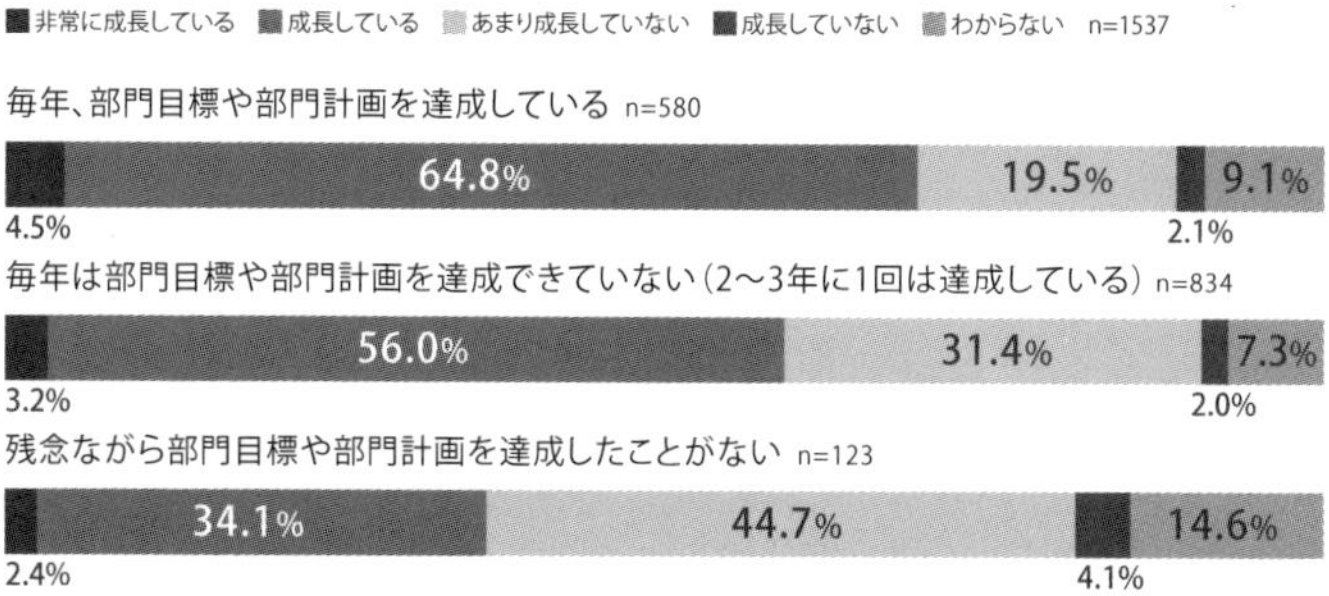

［出典］株式会社ラーニングエージェンシー：「管理職意識調査」

つまり、全体としては「目標達成度が高い管理職ほどマネジメント業務の割合が高い」傾向があり、「目標達成できていない管理職ほどプレイヤー業務の割合が高い」という結果になっています。

これは「鶏が先か、卵が先か」という有名な因果性のジレンマと同じように、逆に「マネジメント業務の割合を高くしているからこそ目標達成できる」「プレイヤー業務の割合を高くしているからこそ目標達成できない」とも言えるかもしれません。

目標達成度と部下の成長の相関

また同様の調査で、管理職の方の部門目標や部門計画の達成度と部下の育成に関する質問では、「毎年、部門目標や部門計画を達成している」と答えた管理職は「非常に成長している」と「成長している」を合わせた69・3%、約7割が部下の成長を実感しているという結果になっています。

一方、「残念ながら部門目標や部門計画を達成したことがない」を選んだ管理職は、部下が「非常に成長している」「成長している」の合計が36・5%、約4割弱となっており、その差は30ポイントほど開きがありました。

逆に毎年目標達成している管理職では「あまり成長していない」と「成長していない」の合計21・6%が部下の成長を実感していない、という結果に対し、目標を達成したことがない管理職のほうは、同様の合計が48・8%とこちらも2倍以上のポイントの差になっています。

これらの結果から「目標達成度が高い管理職ほど部下が成長しているという実感が高い」傾向が

あり、「目標達成できていない管理職ほど部下が成長しているという実感が低い」ということがわかります。

こちらも先述した「鶏が先か、卵が先か」と同様、「部下が成長しているから目標達成できる」「部下が成長していないから目標達成できない」とも言えるかもしれません。

中小企業の組織で起こりがちな状況は、プレイングマネージャーという仕事の仕方から、マネージャーが自分自身の仕事に追われ、部下に対する指示や管理、育成に十分な時間を費やすことができず、さらにチーム全体の進捗を考えたときに「自分でやったほうが早い」とマネージャーが部下の仕事を代わりに遂行する。このような結果、「仕事を奪われる＝成長の機会を奪われる」となり、部下が思ったように成長せず、成果を出せないという悪循環に陥るパターンです。

目標達成度とマネジメント業務への注力度、部下の成長度合いは密接に関連しているということが言えそうです。

8割の社員が「管理職になりたくない」

私も多くの企業をサポートし、その中で一般社員の方々とお話をする機会もあるのですが、どちらかというと一般社員は「管理職にはなりたくない」と言ってくる傾向が高いように思います。

実際、マンパワーグループの調べによると、男女と年齢ごとの差こそあれ「今後、管理職になりたい」と回答している人は、全体の平均でおよそ2割という結果が出ています。つまりこれは8割の社員が「管理職になりたくない」ということを示しています（図表8）。

その中で、管理職になりたくない理由は「責任の重い仕事をしたくない」「報酬面でのメリットが少ない」「業務負荷が高い」がトップ3という結果になっており、つまりこれは「責任と業務負荷が重いにも関わらず報酬が見合っていない」という一般社員の心理を表しているのではないでしょうか。

私自身も顧客の一般社員からよく聞くものとして「自分の上司が忙しそうに働いているのを見ていると、マネージャーになりたいとは思わない」や「自分の上司が飲みの席でポロっと愚痴のように自分の給与を言っていて、あんなに忙しいのに自分と対して給与が変わらないことがわかり、マネージャーにはなりたくないと思った」という意見があります。

そもそも「責任の重い仕事をしたくない」と思っている人にマネジメントをさせるわけにはいかないのですが、もともとマネージャーになりたいと思っていた人や、マネージャーに向いていそうな期待の人材が「マネージャーになりたくない」と思ってしまう環境は、会社にとって由々しき事態であるため、会社単位としての取り組みが必要な課題です。

社員が管理職になりたいと思えるように

将来的に会社の中核を担いそうな期待している社員に「この会社で管理職になりたい」と思ってもらえるようにするためには、会社単位でそのような仕組みや風土を築いていくことが必要となっ

【図表８　８割の一般社員が「管理職になりたくない」】

今後、管理職になりたいと思っている割合

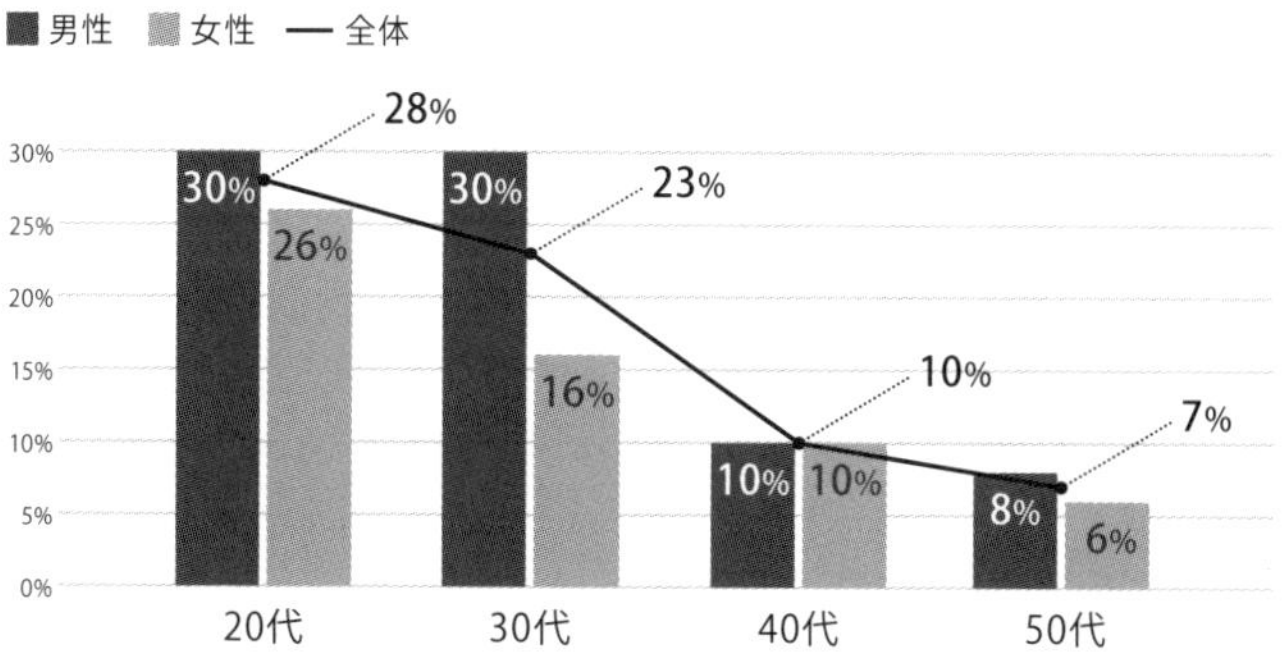

管理職になりたくない理由を下記よりすべてお答えください。（複数回答可）

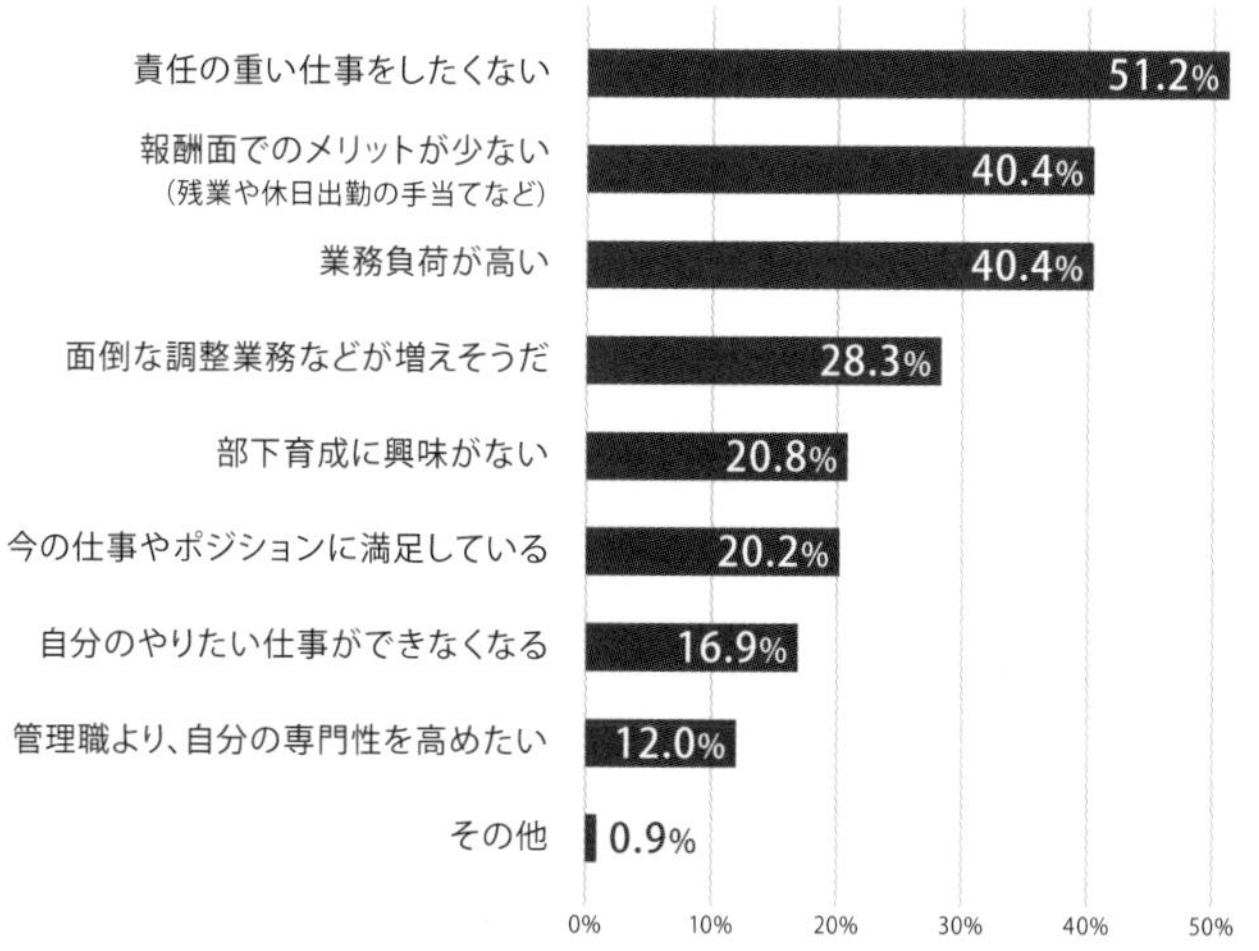

［出典］マンパワーグループ：「今後、管理職になりたいか」についての調査

できます。

図表8で「管理職になりたくない理由」を示し、その理由を簡潔にまとめると「責任や業務負荷が重くなるにも関わらず報酬的メリットが少ない」としましたが、片や「管理職になりたい理由」を調査すると、エン・ジャパンの「管理職への志望度についてアンケート」によると、1位が「自分を成長させたい」で43％、2位が「給与を上げたいから」で41％、3位が「仕事の幅を広げたいから」で39％という結果になっています（※複数回答、男女全体）。

これらの「管理職になりたい理由」と「管理職になりたくない理由」のそれぞれを勘案すると、管理職になりたい人は「仕事自体に動機づけできており、かつその職責に応じた報酬がもらえる市仕組みがある」という状態になっている一方、管理職になりたくない人は「仕事に動機づけできておらず、労働と捉え、かつ報酬メリットも低い仕組み」という状態になっていると言えます。

以降の章では、特に「仕事自体への動機づけ」について詳しくお伝えしていき、自社で期待する社員が「管理職になりたい」という思いをどのようにもってもらえるようにするか、という部分についても触れていきたいと思います。

社員を変えようとする前に自身が変わる

「指示待ちでしか動かない社員が、自ら動くようにするにはどうすればいいのでしょうか？」「思ったように社員が成長しないのですが、どのように教育すれば成長してくれるのでしょうか？」私はこのようなお悩みを経営者や管理職の方から質問されることが非常に多いです。

そして、このようなお悩みをお持ちの方ほど「どのようにすれば自分が思っている通りに社員を動かすことができるか」「何をどのようにすればこちらが意図した成長してくれるだろうか」という日常の中で利用できそうな「場当たり的なテクニック」「HowTo」を知りたがっていたり、またそれらを様々な所で学んで駆使するも、結局はうまくいかなかった、というケースがほとんどです。

もちろん、そのようなマネジメントにおけるテクニックは世の中に多く提唱されているものがあり、使う人とタイミング、スキルなどが伴えば有効的なものも非常に多くあります。

しかし、そもそもそのテクニックを駆使しても、その人自身が社員から信頼されていなければ効果は1ミリもないどころか、駆使すればするほど、社員から「テクニックで自分を何とか動かそうとしている」と不信を買い、逆効果になることがほとんどです。

もう１つ重要なことは、巷ではよく言われている言葉ですが、「他人と過去は変えられないけど、自分と未来は変えられる」ということを改めて認識することです。

先ほど記載した「どのようにすれば自分が思っている通りに社員を動かすことができるか」「何をどのようにすればこちらが意図した成長してくれるだろうか」というのは、他人を変えようとする考え方です。他人をこちらが思い描いたように変えることは、意図してコントロールすることがほぼできないカテゴリです。

一流の経営者や管理職、アスリートなどに共通するこれらの方々の特徴は「自分のコントロールできることに集中する」ということです。逆を言えば自分にコントロールできないものには思考も行動も一切の時間を使わない、使うだけ時間のムダ、と考えます。

そういった意味では、「社員を変える」という結果を得るために、「自分を変える」という意図して自分にコントロールできることにフォーカスを当てるべきなのです。

社員が自ら動き、成長する「ECSTモデル」

これらの前提を踏まえた上で、当社では社員が「自ら動き」「自ら成長」するための、主に管理職に必要な考え方を「ＥＣＳＴモデル」という表現で提唱しています。

これは当然、当社による造語なのですが、内容としては複雑なものではなく、管理職として自身を管理するという意味での「セルフマネジメント」と、他者を管理するという意味での「アザーズマネジメント」において、根本的な考え方や具体的に実行すべきことをシンプルにモデル化したものです。

ただ、シンプルではありますが、世の中の多くの管理職ができていないことが多くあります。「必要だと思うけどできていない」というものは、当たり前なのですが「実行すれば必ず成果が出るもの」でもあります。

次の章ではそのＥＣＳＴモデルについて詳細をお伝えしていきます。

第 2 章

社員が「自ら動き」「自ら成長」する ＥＣＳＴモデル（模範～信用）

ＥＣＳＴモデル（模範～信用）

社員が自ら動き、自ら成長するための根本的な考え方が「ＥＣＳＴモデル」です（図表9）。ＥＣＳＴモデルは当社が提唱しているモデルですが、部下をもつ管理職があるべき姿の流れです。

「ＥＣＳＴ」の順そのままに、まずは管理職自身が「Ｅ」の「模範（Example）」を示して、部下からの「Ｃ」である「信用（Confidence）」を得ることができます。そして信用を得た段階で部下に対して「Ｓ」の「支援（Support）」をし続けることで、最終的に部下から「Ｔ」、「信頼（Trust）」される、というモデルです。

この流れで社員との信頼が構築されるようになれば、自ら動き、自ら成長する社員がどんどん増えていきます。

ポイントになるのは、テクニックより先に管理職自身が模範を示し、まずは部下から「この人にならマネジメントされてもいいな」という「信用」を得ることがアザーズマネジメントする上での大前提であることです。

「信用」は辞書的な意味でいうと「過去のもので外側から判断して認知される」ものです。つまりその人自身の過去の振る舞いや実績など、積み重なった「外側」のものによって他人からの「信用」になる、ということです。

この模範から信用を得る、というプロセスは、完全に管理職の「セルフマネジメント」で決まり

【図表９　ECST（エクスト）モデル】

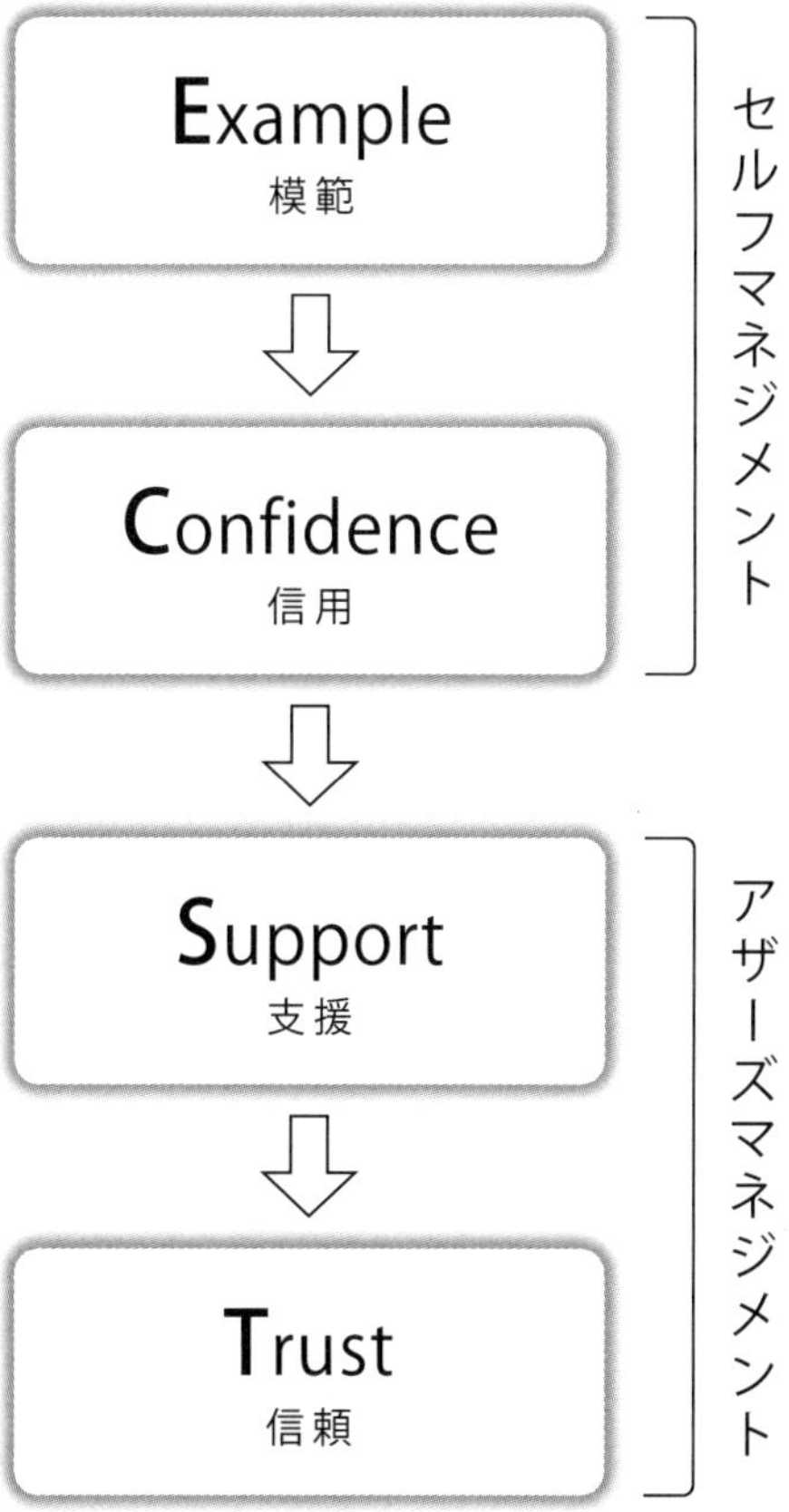

ます。模範は自身をマネジメントできなければ示すことができません。

模範を示すことで信用を得る、その信用で一旦、部下はその管理職を受け入れる気持ちになる、という構造からすると、セルフマネジメントできない社員は管理職に向いていませんし「マネジメントする権利がない」と言えるでしょう。

誰にでもわかりやすい例として、自身で模範を示せてない管理職に指示や指導、叱責されている社員は、表面上は神妙な顔で頷いていますが、心の中では『おまえからは言われたくない』と思っています。

このような関係性の中では、いくら管理職がマネジメントテクニックを駆使しても、部下が自ら動き、そして成長する可能性は著しく低いと言えるでしょう。

まずはマネージャーがセルフマネジメントをし、模範を示し続けることで部下からの信用を得ることがアザーズ（他人の）マネジメントをする上での大前提なのです。

信用を得るための「模範ｓｈａｋｅ」

部下が「あの人からならマネジメントされてもいいかな」という一旦の受け入れラインである「信用」を得るために、管理職自身は模範を示し続ける必要があります。

では実際に「模範」とはなにか。人によって解釈が異なる抽象性の高い言葉なので、当社では信用を得るための模範を「ｓｈａｋｅ（シェイク）」という表現で具体化しました（図表10）。

【図表10　信用を得るための「模範shake」】

信用を得るための管理職に必要な模範の要素は、「s」の「skill（スキル）」、「h」の「human nature（人間性）」、「a」の「achievement（実績）」、「k」の「knowledge（知識）」、「e」の「experience（経験）」の5つです。

これは当社で考案した造語ですが、「shake」という言葉自体は多くの方が知っているように、和訳すると「揺さぶる」です。

この模範shakeには、模範を示すことで社員の心を「揺さぶる」「揺さぶれる人になる」という意味合いも含めてこのような表現にしています。社員の心を揺さぶれるような人材こそがマネジメントに向いていると思いますし、またマネジメントすべき人材だと言えます。

「スキル」「人間性」「実績」「知識」「経験」という5つの要素が「模範」になるという意味で、具体的には知識や経験をもとにスキルが備わり、そのスキルによって実績を上げる。そして人間性という面でも問題なければ「上司」「管理職」という、社員に対して指示や指導、管理をする立場にふさわしい人材のわかりやすい要素ではないでしょうか。

マネージャーに「実績」は必須なのか

実際、多くの会社では模範shakeの中でも「sake」、つまり「スキル」「実績」「知識」「経験」の4つがある程度のレベルにある人材が管理職になっていると思います。

ここは海外と日本の文化的、潜在意識レベルで大きな違いなのですが、海外ではマネジメントは

「専門職」として見なされるので、誤解を恐れずに言えばプレイヤーとしての「実績」がなくとも、「マネージャーに適していれば」マネージャーになれますし、そのようなマネージャーでも社員は素直に言うことを聞き入れる体制になっています。

しかし、日本はどうしても管理職にはプレイヤーとしての「実績」を求めます。社員目線でも「あの人は結果を出していないから言うことを聞くのはちょっと・・・」という人も多いでしょう。

近年、欧米のマネジメント理論や手法が多く日本に取り入れられていますが、この考え方、構造だけはなかなか覆らないのです（図表11）。

スポーツなどはわかりやすいでしょう。海外のプロスポーツで監督になる人はプレイヤーとして抜群の実績があったかというと、有名な監督ですら必ずしもそうではありません。

しかし、日本のプロスポーツはどうでしょうか。野球がわからない方には申し訳ないですが、例えばプロ野球でしたら多くの監督が「２０００安打」「２００勝」という名球会ラインを超えている人、またはそれに近い「実績を残している人」が非常に多いと感じます。

日本のスポーツのマネジメントのあり方は「どのように言うことを聞かせるか」というトップダウンの指揮命令型に対して、アメリカスポーツのマネジメントの考え方は「どのようにすればチームがまとまるか」というチームビルディングの要素が強く、そのような経験やスキルをもった人が監督になります。

実際の例で、私はメジャーリーガー、大谷翔平選手の大ファンなのですが、仕事の合間にメジャー

【図表11　日本と欧米では管理職の考え方が異なる】

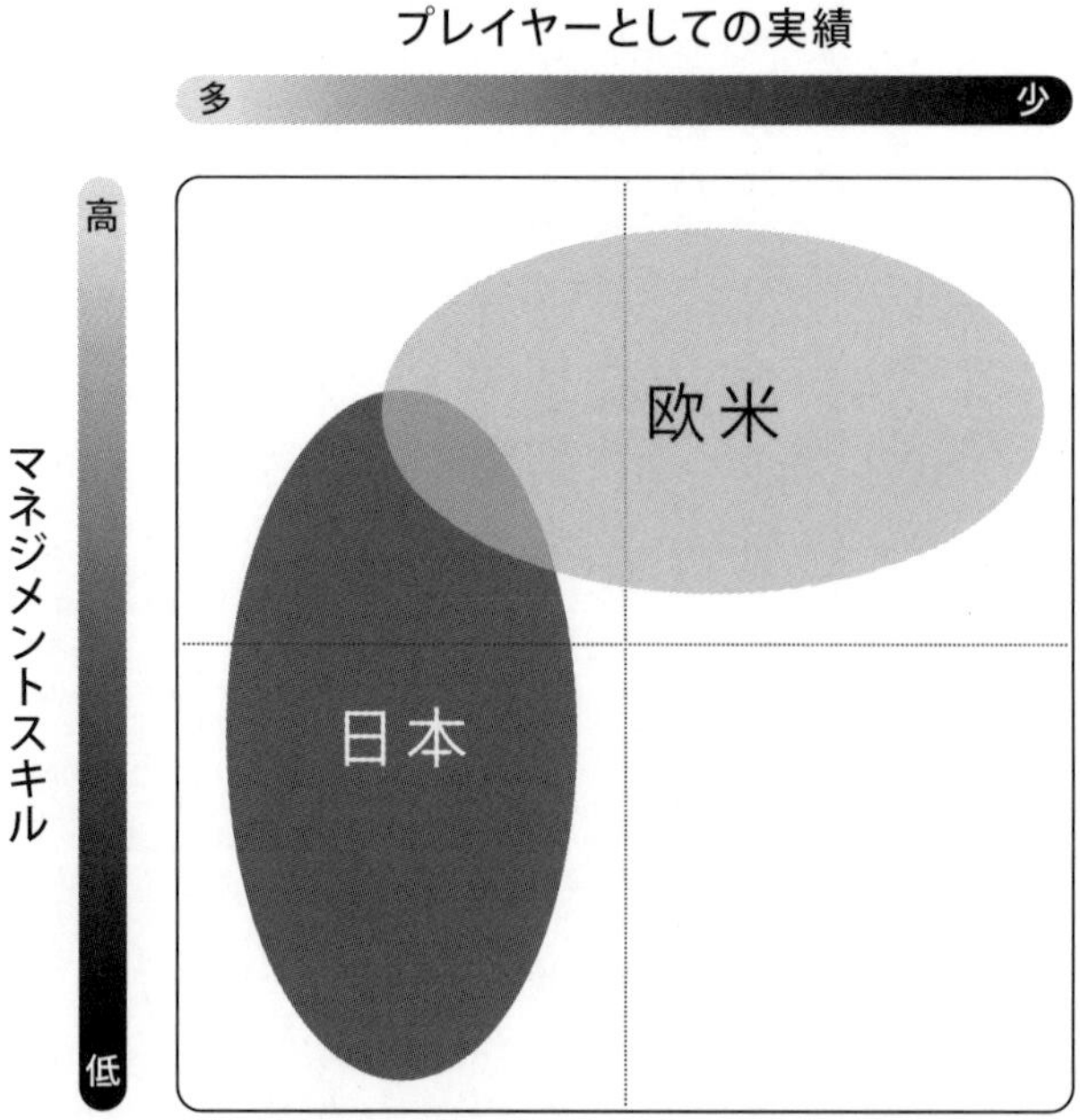

リーグの中継を見ている中で衝撃を受けたシーンがありました。

２０２３年の日本時間7月28日に行われたエンゼルス対ブルージェイズの試合で、初回にいきなり大谷翔平翔平選手がホームランを打ったのです。そこのこと自体はよくも悪くも衝撃を感じるということはなかったのですが、衝撃を受けたのはそのエンゼルスの攻撃が終わった後にブルージェイズのベンチが映し出された際、ブルージェイズのチャップマンという選手が自軍の監督に対して激高していたのです。

後ほどニュースを見ると「なぜエンゼルスは大谷しか打たないの

に簡単に勝負したんだ！」というような内容で、監督の采配について本人を前に激しく抗議していたということです。

しかも更に驚いたのは、次の回、次の試合以降、そのチャップマンの言う通りに監督は大谷選手に対して簡単には勝負をせず、フォアボールで歩かせていました。選手であるチャップマンの言うことを聞いた形となったのです。

このようなことは日本ではあり得るでしょうか。まずあり得ないでしょう。しかし、私がたまたま見たこのシーンはアメリカスポーツでは珍しくないようです。

実際、チャップマンから激高されたブルージェイズの監督、シュナイダーはインタビューで「チャップマンはチームの中でリーダー的な位置にいるから、『チームをまとめるために』彼の言うことを尊重して采配に反映した」という趣旨の発言をしています。

ちなみにこのシュナイダー監督は、プロ入りしているものの、メジャーに上がることなく引退して指導者になった「選手としての実績がない」監督です。しかし２０２３年は地区２位でポストシーズンにも進んだので、監督としてマネジメントの力はあると言えるでしょう。

このような事例からも日本とアメリカでは根本的に管理者とメンバーのあり方、考え方が違うのです。

つまり日本のマネジメントの基本概念は「マネジメントに向いているか」よりも「実績を出しているか」の方に優先順位が高い傾向があるのです。

極端に言えば、マネジメントできるような人間性でなくとも、スキルがなくとも、勉強をしてなくとも、実績があればマネジメントの権限をもった立場になれるのです。

そのように、日本では文化的に、潜在意識的にそのような考えが染みついているので、「実績がなくてもマネージャーは専門職なので言うことを素直に聞こう」という、社員1人ひとりの思考変容することは難しいでしょう。

海外であれば恐らくマネージャーとして「プレイヤーとしての実績」はMUST要素ではないと思いますが、日本においては模範の要素の中に「実績」は外せないものとして入れています。

sake（酒）に酔ったマネジメント

このような「模範ｓｈａｋｅ」という考え方ですが、先述したように多くの会社では模範ｓｈａｋｅの中で「ｓａｋｅ」、つまり「スキル」「実績」「知識」「経験」の4つがある程度のレベルにある方が管理職になっています。

しかし、「h」の「human nature（人間性）」が管理職に昇格するにあたって重要視される企業はほとんど見たことがありません。

私はこの「人間性」という部分が抜けたマネジメントのあり方を「ｓｈａｋｅ」の文字の内、「h」が抜けていることから「ｓａｋｅマネジメント」と称しています（図表12）。

「ｓａｋｅ」を「酒」と変換し、人間性が抜けたマネジメントは「ｓａｋｅ（酒）に酔ったマネ

【図表12　中途採用いきなり管理職は「sake」】

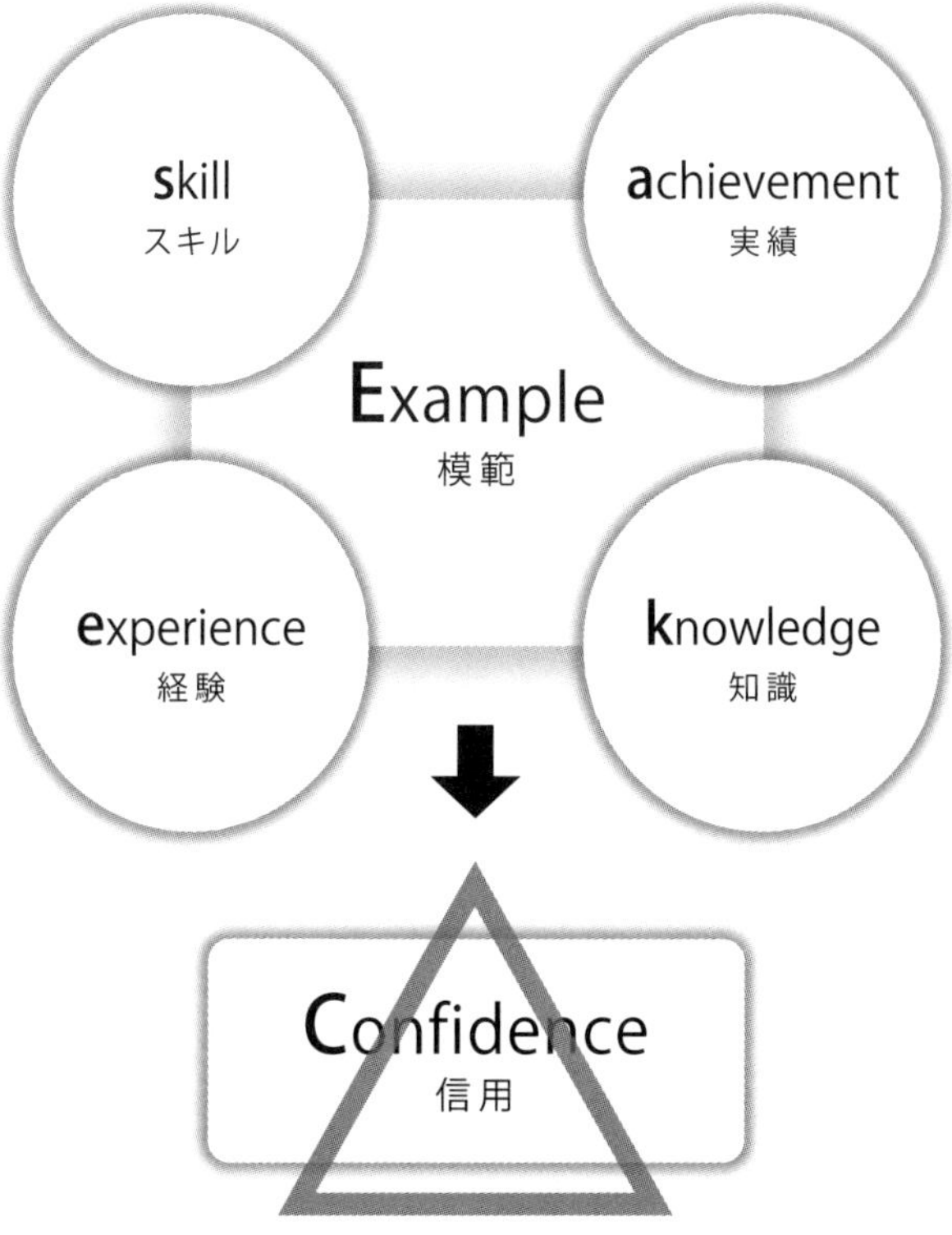

「人間性」が抜けているため信用が低い

経験や実績をぶら下げて「sake」で自分に酔っているままマネジメントする
「中途採用いきなり管理職」の場合、
信用のベースがないので部下からは「拒絶」され、マネジメントが機能しない。

ジメント」になりやすいのです。

わかりやすい例をお伝えします。中途で入社した人材が、いきなりマネージャーとなってチームのマネジメントをし始めるときに、往々にして起きがちなのが「ｓａｋｅ」、つまり「スキル」「実績」「知識」「経験」の４つを振りかざし、自身満々に「おれの言うことを聞け」「おれの言うことが正しい」という自身の「ｓａｋｅ」に酔ったマネジメントをするパターンです。

実際にはそのマネージャーの言うことも指示も正しいのかもしれませんが、部下からすると心情的にその人自身のことを「受け入れ難い」のは想像するに容易でしょう。心理的に人間的なところに「拒否反応」が生じると、その上司を信用することはまずありません。

何より「人間性の低い人の正論」が一番嫌われるのです。正論は「あの人に言われたら、納得だよな」という部下心理が築かれてなければ有効に機能しないのです。

また、先述した「ｓａｋｅ」に酔ったマネジメントをする上司と部下の心理的安全性は間違いなく低いでしょう。マネジメントが機能しなくなり、自ら動くどころか受け身で「指示待ち」に、自ら成長するどころか「やらないほうがマシ」という「後ろ向き」な社員がつくられていく最もポピュラーなプロセスです。

誤解ないように補足しますが、わかりやすい例として表現しただけであり、「中途採用いきなり管理職」すべてが悪いというわけではありません。

そのような人でもマネジメントを機能させる人は「ｓａｋｅ」に酔わず、まずは部下の人達と綿密なコミュニケーションをとり、その中で人間性が認められ、信用を得て受け入れ態勢が整ってからマネジメントする、というプロセスを踏んでいるのです。

人間性を磨く

模範によって部下からまず「信用」を得る。この第一段階をクリアしないことにはマネジメントは機能しません。その「信用」を得るための模範で最も重要性が高いのは「h」の「human nature（人間性）」です。

この人間性が高ければ、部下との心理的安全性も担保できますし、マネージャーである自分の言うことを素直に聞いてくれる可能性がかなり高まります。

尊敬できる上司の要件、尊敬できない上司の要件のデータをいくつかピックアップしましたが、双方の上位には「人柄」「責任」「言行一致」「感情的」「人として」など、必ず「人間性」に係るものが出てきています（図表13）。

上司の「指示」「スキル」など人間性以外の部分に関しても上位項目はありますが、これだけ人間性の部分に項目が集まるという傾向から、管理職という立場の人が人間性を高めることがいかに重要かは見て取れるのではないでしょうか。

明治維新の中心人物であり、歴史上随一のリーダーシップをもっているとも評される西郷隆盛の有名な言葉に「功ある者には禄を与えよ。徳ある者には地位を与えよ」があります。

【図表13-1　尊敬できる上司の要件①】

尊敬できる上司は、どんな点で尊敬できましたか？

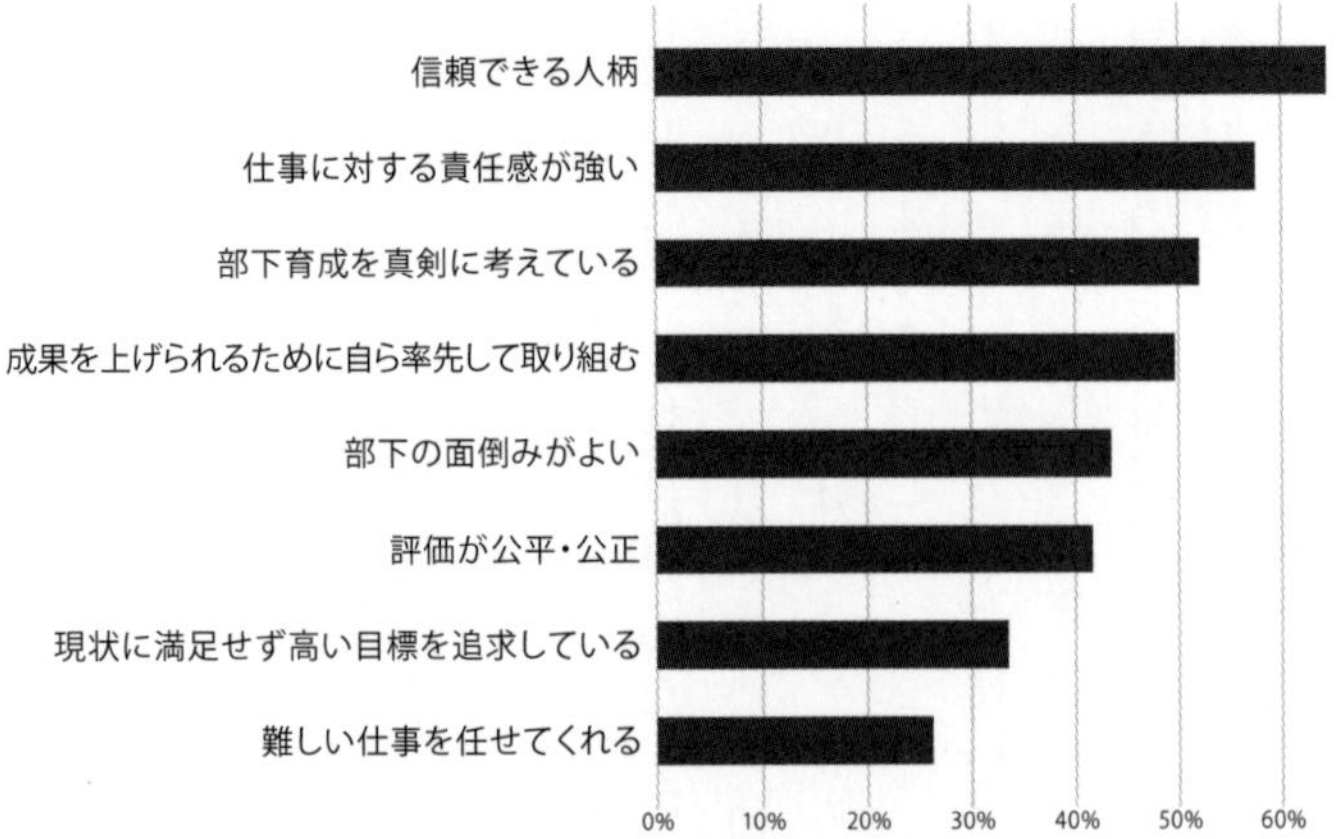

［出典］エン・ジャパン　ミドルの転職

理想の上司の条件（最大3つまでの複数回答）n=725

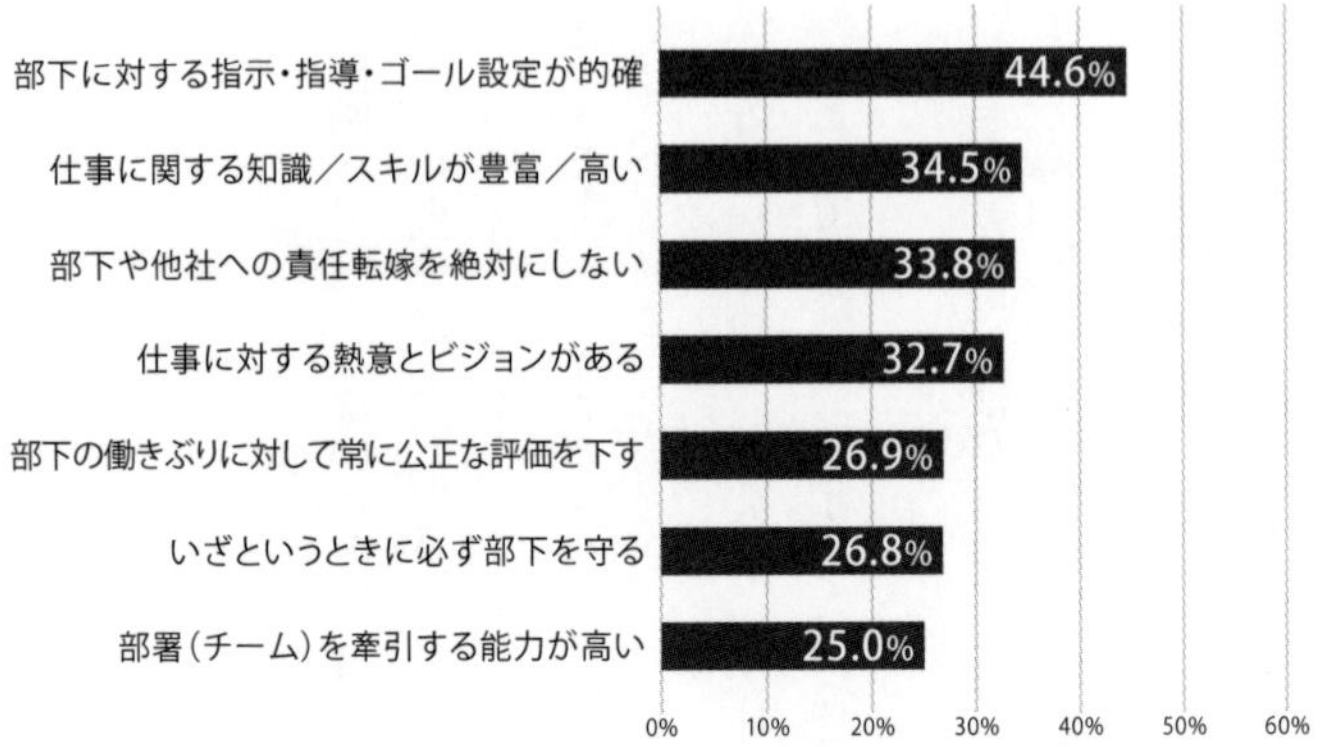

［出典］アトラシアン株式会社

【図表13-2　尊敬できる上司の要件②】

あなたが理想的だと思うのはどのような上司や先輩ですか？（上位3つ選択）

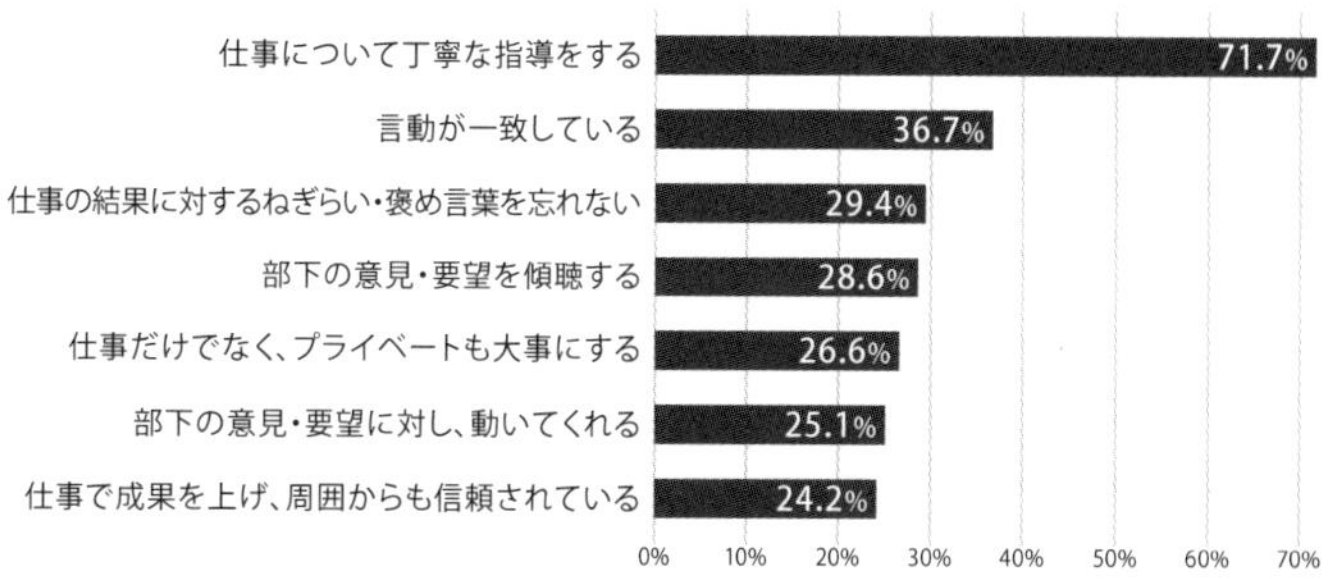

［出典］一般社団法人日本能率協会

上司のどんな点を尊敬していますか？ n=224

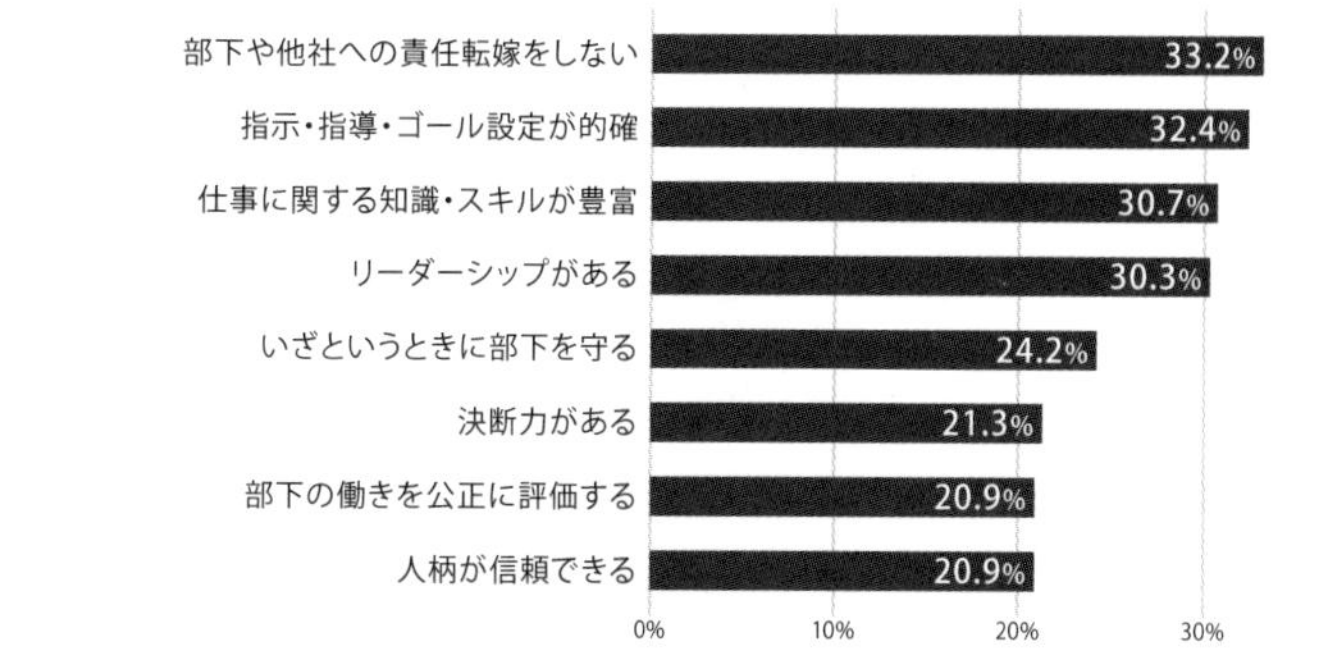

［出典］日経メディカル プロキャリア

尊敬できる上司の特徴（複数回答）n=265

1位	部下を気にかけている	67人
2位	仕事ができる	49人
3位	責任感があり部下を守れる	44人
4位	話を聞いてくれる	42人
5位	教育力・指導力がある	41人
6位	一貫性があり公平	34人
7位	決断力・判断力がある	26人
8位	仕事熱心で真面目	23人
9位	話がわかりやすい	22人
10位	感情的にならない	20人

［出典］株式会社ライズ・スクウェア

【図表13-3　尊敬できない上司の要件・退職を考える動機】

尊敬できない上司の特徴

（複数回答）n=500

1位	感情的な行動が目立つ	105人
2位	自分本位で思いやりがない	96人
3位	無責任で部下を守らない	83人
4位	不真面目・不誠実	79人
5位	一貫性がなく不公平	67人
6位	話を聞いてくれない	41人
7位	口だけで行動しない	39人
8位	偉そうで威圧感	38人
9位	仕事ができない	37人
10位	批判・悪口が多い	33人

［出典］株式会社ライズ・スクウェア

会社を辞めたいと思うとき

（複数回答）n=889

1位	職場の人間関係が悪い	206人
2位	理不尽な扱いや叱責を受けた	188人
3位	仕事量や残業が多い／休みが取れない	131人
4位	給料が安い／ボーナスや昇給がない	104人
5位	上司と合わない	60人
6位	ミスをした／仕事がうまくいかない	55人
7位	評価されない	50人
8位	やりがいがない	41人
9位	客からのクレーム対応	33人
10位	ノルマがある	23人

［出典］株式会社ビズヒッツ

上司への不満内容

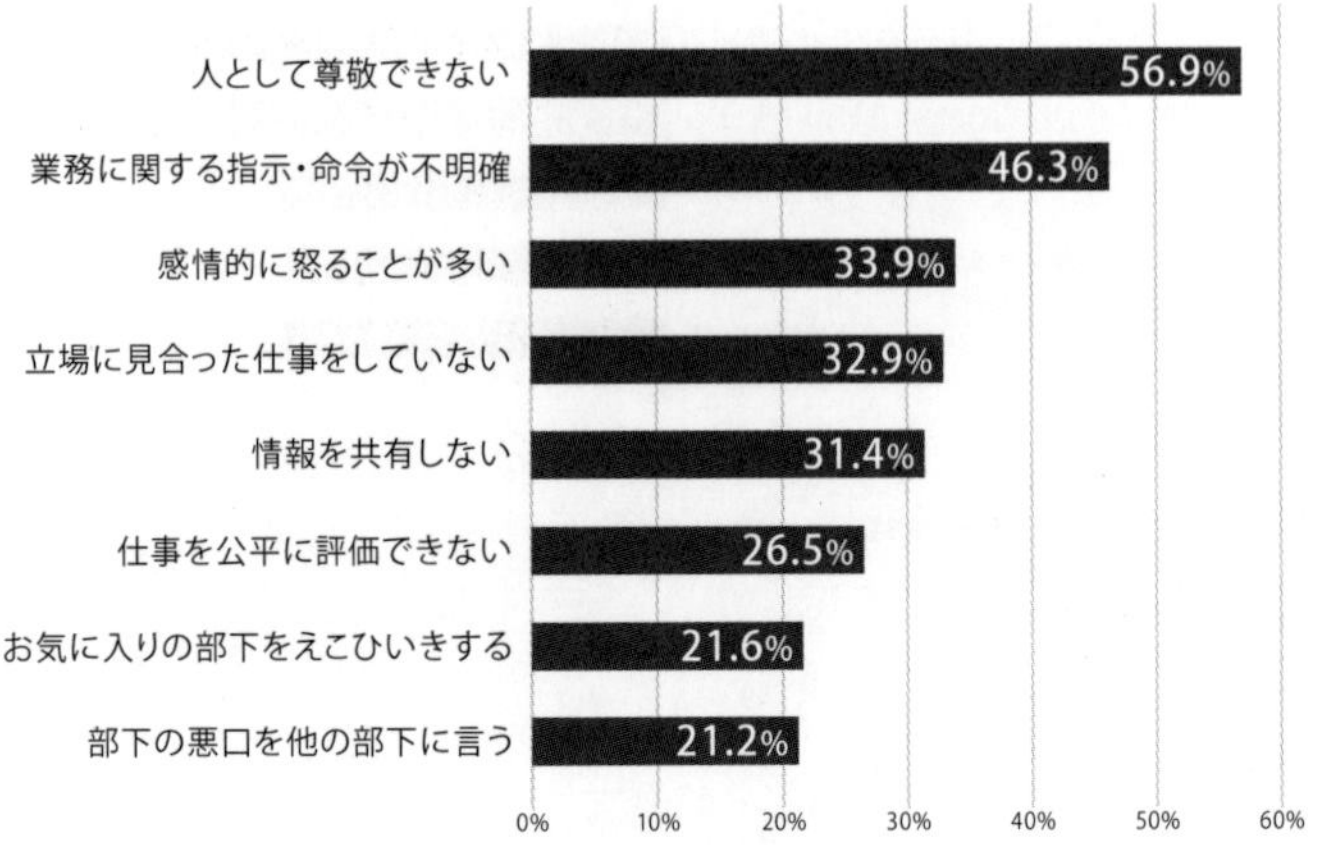

［出典］株式会社セレス

この言葉は一般企業において「成果を上げた者にはより高い給与（賞与）を与えよ。人徳のある者にはより高い役職を与えよ」という形に置き換えられると思います。

そのような言葉を発した西郷隆盛自身、自らが陸軍大将を辞めた際は、部下であった役人や軍人６００人が辞める、という史実があったほど人徳に優れた人だったといいます。

この言葉をもう少し深掘りすると、「成果を上げていても人徳がなければ役職を与えてはダメだ」とも言えるのではないでしょうか。

先述したように、多くの会社では実績を上げた人材が「仕事ができる」と見なされ、その実績を出していることが理由で「あいつは部下も育てられるに違いない」という、人事上の「ハロー効果」から管理職に昇格していきます。

そのような人材でも西郷隆盛の言葉でいう「徳」つまり人間性が備わっていれば問題はないのですが、そのような部分を鑑みずに、実際にはマネジメントできない、マネージャーに向いていない人材を会社が管理職へと昇格させてしまうと「人の育成ができない」「マネジメントが機能していない」チームが出来上がっていくのです。

デキる社員はデキない社員を育てられない

私がこれまで見てきた多くの企業の中で、特に顕著なのが「デキる社員はデキない社員を教えられない」という現象です。

仕事がデキる社員の多くは「自然に」「感覚的に」仕事をして成果を出している場合が多く、自らの「デキる理由」の言語化が苦手な人が多いので、部下に対する教え方も感覚的なアウトプットになり、なかなか成果の出せない社員にはその上司の感覚的なアウトプットが理解できないため、思ったように育たないのです。

またデキる社員は「デキない理由」がわからない、という人も多いです。原因がわからなければ対策が打てない、これは人の育成に限らずどのような事象にも該当しますが、そのようなことから「教え下手」な方が非常に多いと感じます。

これは人事評価制度における「評価エラー」の1つである「厳格化傾向」にも関連しますが、できる社員は「同じ頃の自分にはデキていた」という「自分基準」で他者をジャッジするため、厳格な評価になりやすいのです。

その厳格なアウトプットが部下との心理的安全性を低くすることによって、部下が「自ら動く」ことや「自ら成長する」ことができなくなっている一因になります。

人間性「nine factor（9つの因子）」

人間性とひとくちに言っても、抽象的な単語のため恐らく人によって解釈が異なりますし、かつ項目も多岐に渡ります。これを具体的に表現し、解釈を揃えなければ「人間性をどのように高めるか」が明確にならないため、当社では人間性を「nine factor」、9つの因子という形で分解・言語化しました（図表14）。

因子をポジティブ、ネガティブの両方でそれぞれを言語化しています。これらが人間性のすべてを完全に網羅しているかは別ですが、少なくともビジネスにおけるマネージャーとしての「信用」を得るための人間性という意味では、ほぼ網羅しているのではないかと思います。

どちらかと言うとネガティブ因子のほうがわかりやすく、イメージできやすいのではないかと思います。このようなネガティブ因子は部下から著しく人間性が「低い」と見られる項目であるため、そうならないようポジティブ因子の行動へと変容していく必要があります。

なるべく具体的にしていますので、ご覧いただければ理解しやすい表現になっているとは思いますが、いくつかの因子で補足の説明をさせていただきます。

マネージャーにしてはいけない人の前提条件

人間性という包括的な意味で「マネジメントが機能するための条件」にしていますが、その人間性の中の因子でも、絶対にマネージャーにしてはいけない人の因子があります。

その因子は図の一番上にある因子「自己中心型思考」です。具体的には「そもそも部下や他人に興味がない」という人です。

こちらもマトリクス化して説明しますが、横軸を「マネジメントスキル」が高い人と低い人に分け、縦軸を「マネジメントへの関心」が高い人と低い人に分け、管理職候補をプロットするマトリ

【図表14　人間性「nine factor（９つの因子）」】

positive factor		negative factor
利他的思考 部下の人生や成長にコミットしている。部下の成長が自分、会社の成功と位置づけられる。他人の話しを傾聴し、共感、感情共有でき、納得して行動に移せるよう促せる。	◁▶	**自己中心型思考** 部下はもちろん、そもそも他人に興味がない。自身の願望や利益を満たすことにのみフォーカスしている。人の話しを聞かず、正論のみで相手、部下を説得しようとする。
言行一致 部下に対して指導・注意している事を自身ができている。※能力や実績の類ではなく、挨拶や礼儀など基本的なこと。	◁▶	**言行不一致** 部下に対して指導・注意している事を自身ができていない。※能力や実績の類ではなく、挨拶や礼儀など基本的なこと。
自責・責任を全うする 自分にとって不利益な事象が起きた際でも、部下や環境の責任にせず、自身の責任を全うして対処にあたる。会社や上司、部下や顧客などへの悪口は一切口にしない。	◁▶	**他責・責任逃れ** 自分にとって不利益な事象が起きた際に、部下や環境など周囲へと責任の所在を置き、逃れをしようとする。会社や上司、部下や顧客などの悪口を平気で言う。
どのような人にでも態度が一定 ステークホルダー全てに対して態度が一定である。仕事以外のプライベートなどでも自身が顧客の立場となった際の飲食店等、店員に対する態度も同様。	◁▶	**人によって態度が変わる** 上司には平身低頭だが、部下には横柄。部下の中でも気に入っている部下とそうでない部下、顧客（買い手）には丁寧だが仕入れ、協力業者など売り手には横柄。自身が顧客の立場となった際の飲食店等、店員に対する態度。
冷静で穏やか 穏やかな言動や冷静な立ち居振る舞いによって、周囲や自身への心理的安全性が高い状態を保てている。	◁▶	**反射的・高圧的** 反射的かつ高圧的な言動や立ち居振る舞いが恒常的にあり、その場の空気を凍らせ、周囲や自身への心理的安全性の低下を促している。
感情コントロールができる ネガティブな事象が起きた際に、反射的な反応をせず、冷静に論理的な言動や行動ができる。	◁▶	**感情コントロールできない** ネガティブな事象が起きた際に、反射的に感情的な反応・言動、行動をし、周囲へ不快感を与える。
謙虚 自分自身はまだまだだと思い、更なる成長を望んでいる。武勇伝や自慢はしないが、自身の成功体験で他人の役に立ちそうなものは惜しみもなく共有し、共に成長することを目指す。顧客や上司にはもちろん、部下に対しても謝辞を述べられる。	◁▶	**驕り・傲慢** 聞きたくもない自身の武勇伝をはじめとした自慢話しや苦労話しをひけらかす。自分は有能な人間だと驕っている言動や行動が目立つ。マウントをとろうとする。向上心がない。特に部下に対しては謝辞を述べられない。
モラルの遵守 仕事面は当然ながら仕事から離れているシチュエーションにおいても、モラルある言動や行動ができている。	◁▶	**モラルの欠如** ゴミやタバコのポイ捨て、列への割り込み、酒席などでお店に迷惑をかけるような言動、行動。
自制心 悪い意味での楽な方法やズルい方法、非生産的な外的誘惑に対してNoを突きつけ、自分を律することができる。	◁▶	**自制心の欠如** 悪い意味での楽な方法やズルい方法、非生産的な外的誘惑に対して簡単に流される。

クスです（図表15）。

もちろん縦軸と横軸の双方が高い、マトリクス上でいう「左上」の人材であれば間違いなく管理職になってもらいたい人材なのですが、何よりもマネジメントスキルが高かろうが低かろうが、そもそもマネジメント、つまり部下や他人に興味・関心がないマトリクスでいう「下の２つのカテゴリ」の人材を管理職にしてはいけません。

ただ、マネジメントスキルは高いけれど部下や他人に興味がない、という「左下」の人材に関しては、ごく少数ですが、マネージャーとして一度登用してみて、マネジメントが成功し出すとその面白さに気づき、動機づけとなって「左上」の人材に上がることも稀にあります。

そういった意味では少し希望はありますが、やはり「部下、他人に興味がない」という人に関しては管理職に登用するのは危険です。そもそも「他人に興味がない」という「雰囲気」はその人の普段の言動や行動から醸し出るものなので、部下からすればそのような人にマネジメントされたくはないでしょう。

片やマネジメントスキルは低いけれどマネジメントに関心がある、という人材に関しては、マネジメントスキルを養成していくことで「左上」へと移行することができます。

「デキる社員はデキない社員を育てられない」で先述したように、個人のプレイヤーとして出した成果・実績と、マネジメントスキルが高いか低いかは全く無関係です。

自分という「個」へのマネジメントではなく、純粋に部下の育成や管理、チームビルディングな

【図表15　マネジメントスキルと関心のマトリクス】

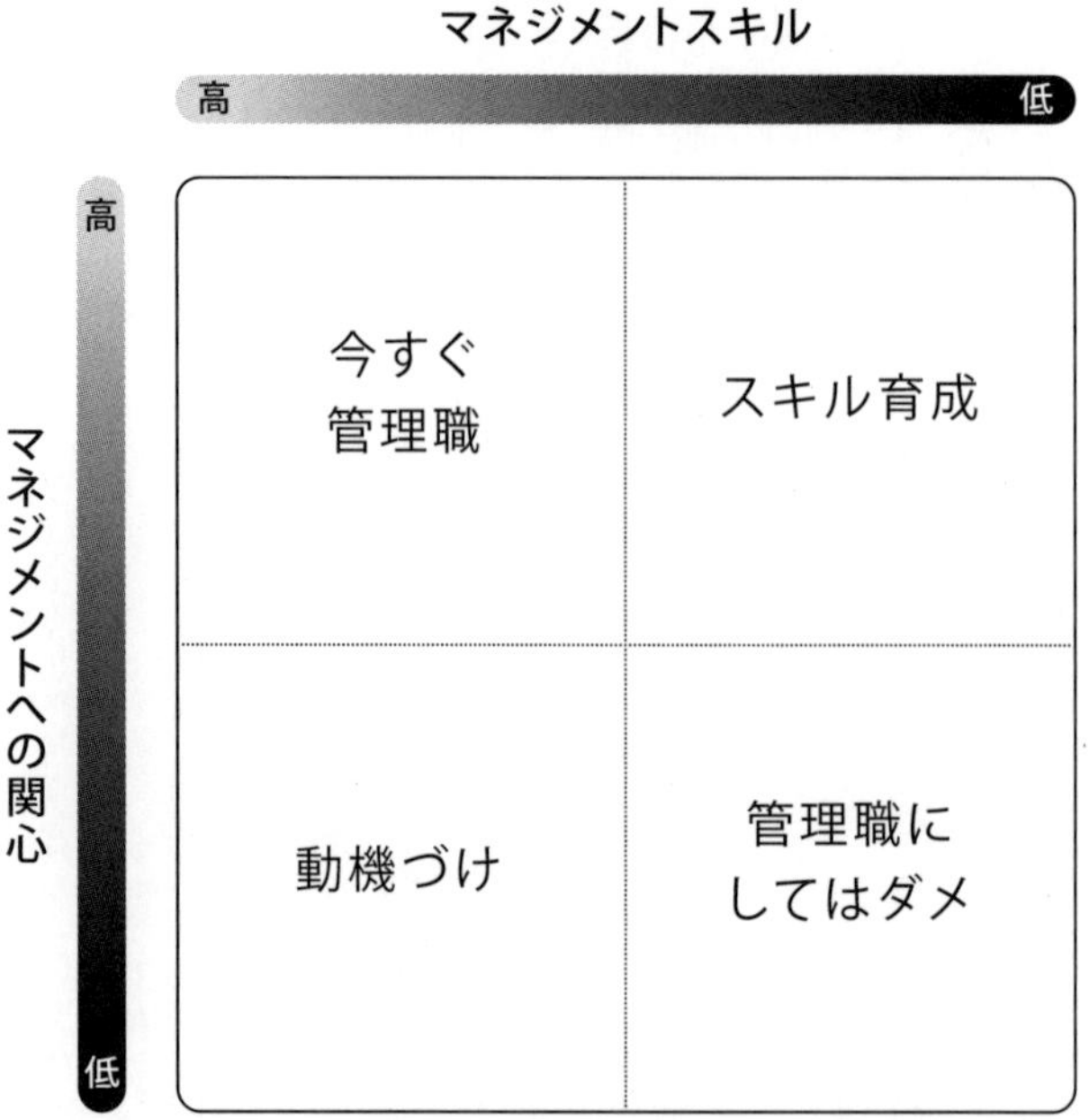

ど周囲の人間、つまり「他」へとよい影響を与えられるマネジメントスキルなので、個人の実績がいくらあろうと、それはまるで別物なのです。

感情のコントロールはチンパンジー管理

人間性の因子でもう1つピックアップしたいのが「感情コントロール」です。図表12でもご紹介したように「尊敬できない上司」の行動のトップ3の中には、必ずこの「感情」の部分が入ってきます。

どのような人でも感情的な言動や行動をされるのは嫌なもので

す。これは仕事面に留まらず私生活の人間関係でも同じようなことが言えるでしょう。感情的な言動や行動をする人に対しては心理的安全性を築くことも難しいです。

逆にこの感情コントロールがしっかりとできれば、部下や周囲からの見られ方も全く違ったものになります。感情的、瞬発的な言動や行動をせずに、常に穏やかで冷静に。そのような立ち居振る舞いは、チームや部下との心理的安全性を高めるための基本的要素だと言えるでしょう。

感情コントロールに関しては、その道の専門家が多くいますし、様々な考え方やノウハウがあると思いますが、私からは最もシンプルで高い効果を実感しているものをご紹介します。

それは「自分の頭の中のチンパンジーを管理する」という考え方です。この考え方の基は精神科顧問医師であるスティーブ・ピーターズの「チンプ・パラドックス」なのですが、脳の部位である前頭葉を「人間」、辺縁系を「チンパンジー」と見なし、感情を客観視してマネジメントする考え方です（図表16）。

私の解釈を含めて図にまとめましたが、前頭葉、つまり「人間」はインプットされた情報を「事実」で解約し、「論理的」にアウトプットするので、そのアウトプットの結果も成功に近くなるのですが、辺縁系、つまり「チンパンジー」はインプットされた情報を「衝動・印象」で解釈するため、アウトプットが「感情的」になり、結果としては失敗しやすい意思決定をしてしまう、という脳の機能を人間とチンパンジーに置き換えて表したものです。

ポイントは人間の脳の構造的に最初に情報がインプットされる「情報の入り口」は、どのような

【図表16　感情のマネジメント】

チンパンジーを飼い慣らす

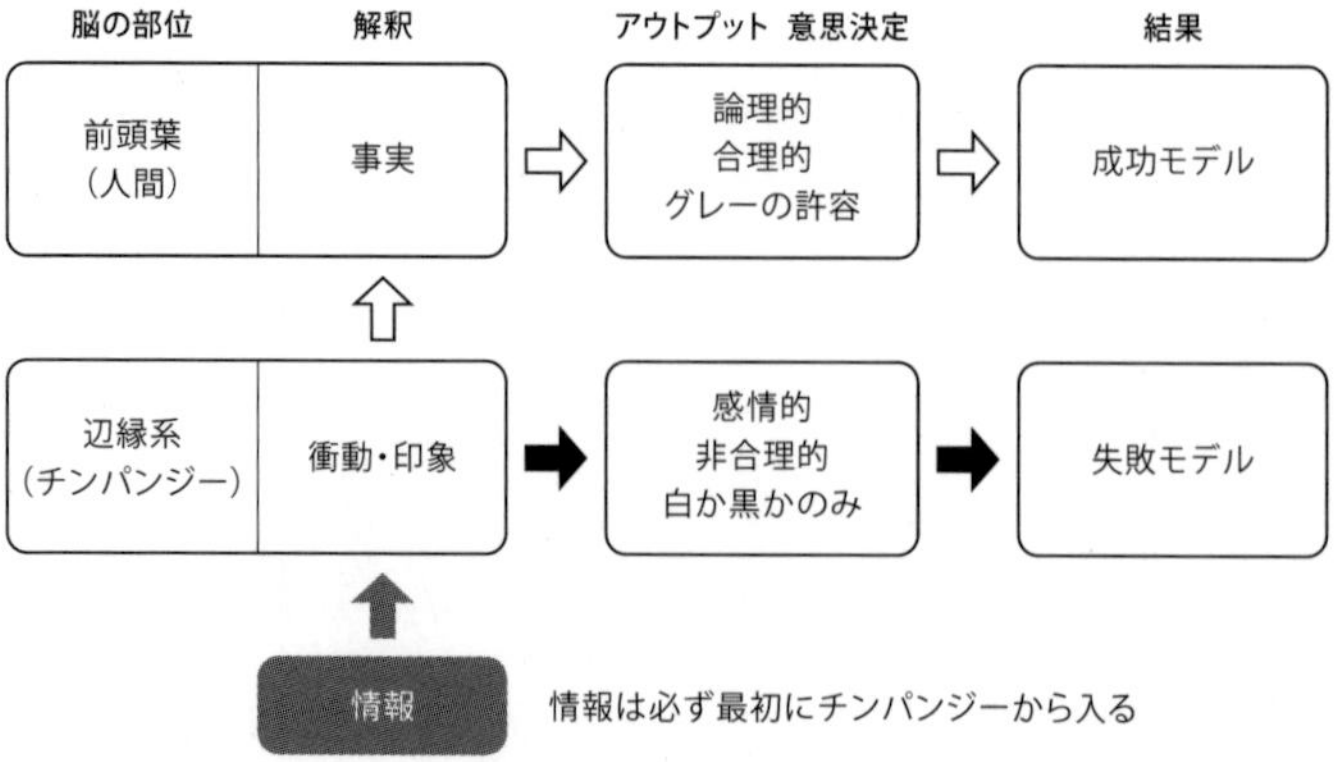

EQスコアと年収の相関関係

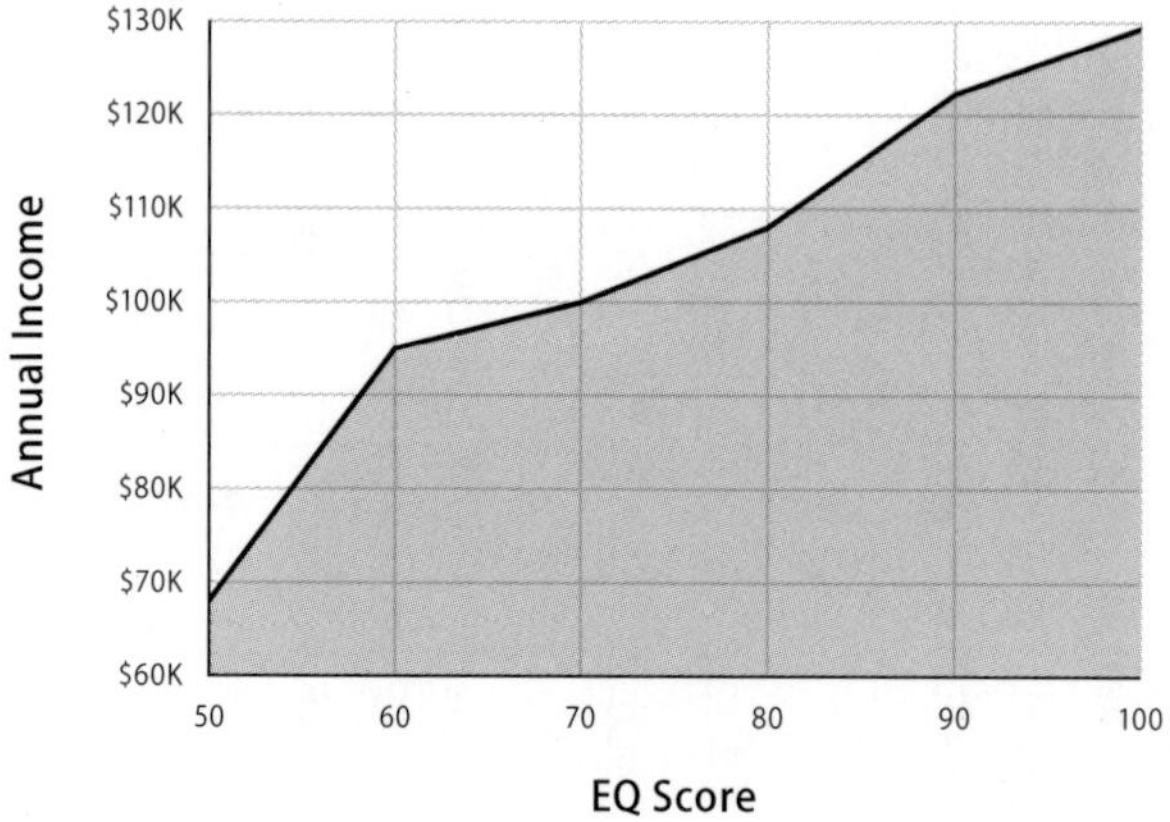

［出典］ Emotional Intelligence 2.0

人間でも必ず辺縁系、つまりチンパンジーから入ってしまう、ということです。

その情報を「衝動・印象」で解釈したままアウトプットしようとすると感情的になり失敗するので、チンパンジーが受け止めた情報を人間（前頭葉）へバトンタッチできるかどうかが岐路なのです。

衝動や印象の解釈ではなく、人間へバトンを渡すことで「論理的・合理的」に思考することができ、成功確率の高い適切なアウトプットや意思決定ができる。このような流れをつくれることイコール「感情コントロールができる」。そのような考え方です。

使い方としては、この考えを頭の中に入れて置くだけです。自身に何かしらのネガティブな情報が目の前に現れ、衝動的に感情的なアウトプットを出しそうになったときに、ふと「やばい、自分のチンパンジーが暴れている」と客観視できるだけで、いったん冷静になり「人間」に戻れるようになっていけます。もちろん繰り返しのトレーニングは必要ですが、徐々にできるようになることで感情コントロールもできるようになっていきます。

感情コントロールできるデータ的メリット

また補足ですが、図表16にあるようにチンパンジーでアウトプットすると視野が狭いので「白か黒か」という意思決定になりがちと言われます。人間には「グレーの許容」があるので、白・黒のみではなく論理的に様々な選択肢を考えられます。

会社全体の「ミス」をなくすことにフォーカスした、マサチューセッツ工科大学の教授４人が共同で立ち上げた世界でナンバーワンの機関「ＰＩＩ」の調査によると、「二者択一で意思決定した成功率は30％なのに対し、五者択一での意思決定の成功率は90％」という結果が出ています。

つまりチンパンジーによる感情的な「白か黒」という「二者択一」の意志決定になると成功率が格段に落ちるということで、そのような意味でも「人間」として論理的に複数の選択肢を考えることが重要だと言えます。

もう一点、こちらは図にも載せていますが、感情コントロールに関連する言葉で「ＥＱ」というものがあります。

聞いたことがある方も多いと思いますが、ＥＱとは「Emotional Intelligence Quotient」の略で、日本語では「心の知能指数」と意訳され、仕事や人間関係において「感情をうまく管理し、利用する能力」のことを指します。

このＥＱを測定したＥＱスコアというものがあるのですが、「Emotional Intelligence 2.0」によると、42,000人を調査した結果、ＥＱのスコアが高い人は、低い人よりも年収が平均で$29,000（$1＝１１０円として、約３１９万円※調査当時のレート）高かったそうです。

更にその差を細かく計算すると、ＥＱスコアが１点上がるごとに、$1,300 年収（約14万３０００円）が上がることを示しました。

これらから感情コントロールできることは、仕事で成果を出せることと同時に、人生全体の結果に影響を与える要素だと言えることができます。

【会社単位でのサポート】

このチンパンジーの管理に関しては、全社員で共通理解・浸透をすると更に効果的です。全社としてこの考えが浸透すると、誰かが感情的なアウトプットをした際に「ああ。あの人チンパンジーになっているね」と、周囲から白い目で見られるので、感情的なアウトプットをしている本人が恥ずかしくなります。

それがある意味での抑止力になりますし、また、感情的になりそうな人に対して「まあまあ、そんなに怒るなよ」と宥めると逆効果である言いますが、小さい声でそっと「大丈夫？　チンパンジー暴れそう？」と伝えると、その言葉の丸みによって感情が鎮圧されやすいです。

社員１人ひとりが感情コントロールできれば、当然ながら組織としての心理的安全性も高くなるため、上司部下間の関係性はもちろん、会社全体としてもよい波及効果となるのではないでしょうか。

習慣を言語化して見直す

デューク大学が２００６年に発表した論文によると、人間の毎日の行動の40％以上が「習慣」によって行われているそうです。生活の中でしている多くの意思決定の半分程度が、その場での決定ではなく、習慣によるものということです。

ポイントとしては、習慣には「よい習慣」と「悪い習慣」があります。この毎日の40％の習慣の中に「よい習慣」が多ければ、仕事においてもプライベートにおいても成功する確率は高いでしょうし、逆に「悪い習慣」が多ければ成功する確率が下がる可能性が高いでしょう。

ギリシャの哲学者アリストテレスも「繰り返し行っていることがわれわれ人間の本質である。ゆえに優秀さとはひとつの行為ではなく、習慣によって決まる」という言葉を残しています。

社員から信用を得るための「模範shake」の中でも、特に重要なのが「人間性」です。この人間性を高めていくためには、９つの因子に対してのセルフマネジメントに継続的に時間をかけることが不可欠です。

そういった意味では、自分自身の人生の行動の40％を占める習慣を言語化し、よい習慣と悪い習慣を棚卸して、特に悪い習慣は見直すことが重要です。

悪い習慣の中にこそ人間性に関連するものが数多く存在します。悪い習慣が持続されれば、それだけ人間性の向上も見込めません。悪い習慣をよい習慣に変えることで40％の行動の質を変え、人間性を高めることに繋げていきましょう。

自社の管理職に必要な人間性の言語化

図表14で当社が定義した「人間性の９つの因子」をご紹介しましたが、あちらを参考に自社の管

理職に必要な人間性を言語化することを推奨しています。

本書でご紹介した「人間性の９つの因子」はある程度汎用性のあるものではありますが、個社別の価値観や風土などによって管理職に必要な人間性は若干変わってくるかもしれません。

具体的には自社にあわせて少し表現を変えてみたり、また「解像度」という表現をよく使用しますが、解像度をどの程度まで高くするか、もしくはあえて低くするか、つまり言葉の表現としてどの程度まで具体的にするか、細かくするか、あえて抽象的にざっくりとした形にするか、を自社にあわせて言語化していき、そして社内にシェアしていきましょう。

また、言語化する際には、経営や管理職のみではなく、なるべく一般の社員も含めて多くの社員で案出しすることをおすすめします。「自社における管理職に対する価値観」を統一していくためにも、上位の階層の社員だけではなく、将来の管理職候補となる一般社員も交えて言語化していくことが重要なのです。

言語化した人間性を評価制度へ接続

自社で言語化した管理職に必要な人間性を「これが大事だよね」のような社内周知のみで終わらせてしまってはいけません。

当社としては、言語化した人間性の項目を人事評価制度へ接続させることを推奨しています。現時点で管理職である人の評価項目として接続させることはもちろん、例えば管理職手前のレベルの

「管理職候補」の社員に対しての評価項目として基準値を設定し、基準値をクリアした場合に管理職になれるという「昇格条件」にしてもいいでしょう。

また、全社的に心理的安全性の向上や風土醸成をしていく上では、一般社員に対しても社員レベルに応じて項目を抜粋したり、同じ項目でも評価基準のレベルを変えたりするなどして評価をしていくこともおすすめしています。

評価する側も対象社員の直属の上長のみの評価だけではなく、ダイレクトに評価に反映させるかは別にして、他部署、他チームの管理者や一般社員からの「周囲評価」という形で実施し、フィードバックをしていくことで機能化していきます。

人事評価制度については、拙著『社員30名の壁超え3つのステップ』をご覧いただければと思いますが、このような形で言語化した人間性を「大事だよね」で終わらせず、社員1人ひとりが行動し、浸透させていくことが重要なのです。


ここまででセルフマネジメントによる「模範」で部下の「信用」を得ることの重要性を認識いただいたと思いますが、次の章からは、部下の信用を得て自身のマネジメントを受け入れてもらう態勢が整った後に、どのように部下を「支援」し「信頼」へと醸成させていくかをお伝えしていきます。

第 3 章

社員が「自ら動き」「自ら成長」する

ＥＣＳＴモデル（支援〜信頼）

影響力の裏づけ3つのパワー

マネージャー個人への「信頼」は社員の行動や思考に大きく影響を与えます。この個人への信頼という考え方の中で参考になるのが、スタンフォード大学で組織行動学の教授、ジェフリー・フェファーの「3つのパワー」です。

具体的には、人や組織に影響力を与える潜在的能力を「パワー」と定義し、そのパワーは「公式の力（ポジションパワー）」「個人の力（パーソナルパワー）」「関係性の力（リレーションパワー）」の3つに分類でき、組織を動かすにはこれらパワーの微妙な差異を理解し、使い分ける必要がある、という提唱です。

ポジションパワーは組織における地位や職位が持つ力で「立場」や「威厳」などで指示に従わせ、言うことを聞かせるパワーです。ポジションが継続される内はパワーがありますが、ポジションがなくなると人は動いてくれなくなるため、肩書きが変われば失われるパワーとも言えます。

立場によって人を動かしているにも関わらず、自分が動かしていると錯覚してしまう典型的な「勘違いパワー」と言えるでしょう。

パーソナルパワーは共感力、対話力、経験や人柄など「人としての魅力」と「信頼感」を通じて、ポジションにかかわらず発揮される力です。

上司としての「部下との向き合い方」や「コミュニケーション力」が重要な役割を果たし、部下が、「この上司は私のことを考えてくれている」「期待してくれている」「自分の強みや能力を引き出して成長させてくれる」という、社員の働きがいや仕事への意欲を上げ、自ら考えて行動できるように促せるパワーです。

リレーションパワーは人間同士の関係性からくる力で「他人の力を借りる力」とも言えます。ビジネスでは、他者の協力が必要な場面が多々あるので、そのようなときに声をかけたら支援してくれる仲間やネットワークをもっている力がモノをいいます。

これらのパワーの「微妙な差異を理解して使い分ける」という言い方をジェフリー氏はしていますが、私としてこれらのパワーには「養う順番が重要なのではないか」と思い、その考えを図にまとめてみました（図表17）。

ポジションパワーは組織としての指揮命令系統を保つために重要なパワーですが、このパワーだけに偏っているマネジメントは、部下の心情として「しぶしぶ言うことを聞いている」状態です。「その人だから言うことを聞く」のではなく「その肩書、その役職だから言うことを聞く」という状態になりがちですので、社員としてはやらされ感が増幅され、徐々に指示待ち社員になっていくプロセスが想定されます。

また、このパワーはその人の「外側の権威」なので、ここを養うだけでは他の２つのパワーであるパーソナルパワーもリレーションパワーも築けないでしょう。むしろパーソナルパワーに関しては、ポジションパワーを強力にすればするほど、反比例するように下がっていくことが想定されま

【図表17　影響力の裏づけ３つのパワー】

す。

リレーションパワーのみに偏っているマネジメントの場合は、部下から「他力本願」に見られてしまい、実力や中身がない人間とみなされてしまいます。うまく立ちまわり、成果を出してポジションを築くことでポジションパワーも同時に増幅させることも可能かもしれませんが、「実力や中身がない人間とみなされて」いるため、パーソナルパワーを築くことはできないでしょう。

つまり順番としては、まずパーソナルパワーを養うことで自身に対する信頼を積み重ね、その信頼によって「周囲の人が自然と集まってくる・協力してくれる」というリレーションパワーが築かれ、かつ成果を出して「その役職だから」ではなく「あの人だから」という意味でのポジションパワーが築かれることで、３つのパワーの行使がそれぞれ有効に機能するものだと考えます。

この影響力３つのパワーという観点からも、まずは管理職自身に対するパーソナルパワー、信頼がマネジメントをする上で土台を成すものだと言えます。

上司のマインドセットで部下の成長が決まる

部下への「支援」を行う上でマネジメントのテクニックはもちろん重要なのですが、根底の管理職自身の「マインド」が整っていない限り、そのようなテクニックを使ってもなにを実行してもそれらは無に帰します。

その１つの考え方が、上司がもつべき「成功のマインドセット」です（図表18）。才能への考え

【図表18　上司のマインドセットで部下の成長が決まる】

成功のマインドセット		固定のマインドセット
努力次第で伸ばせる	才能へのスタンス	固定的で変わらない
自分を向上させること	関心事	他人からの評価
粘り強く乗り越えようとする	壁にぶつかったとき	すぐに諦める
批判を真摯に受け止め、学ぶ	自分への批判	批判は無視する
自分のベストを尽くすこと	成功とは	自分の優秀さを見せつけること
教訓を与えてくれるもの	失敗とは	屈辱、我慢ならないこと
自分への気づき、学びを得る	他者の成功	脅威に感じる

方や、自分の関心事の中心となるもの、成功や失敗の捉え方など、図表18にあるような成功のマインドセットをもっている上司と固定（失敗）のマインドセットの上司とでは、部下の成長に大きな差が出るという考え方です。

これはスタンフォード大学心理学教授のキャロル・ドゥエックが提唱したもので、まず「マインドセット」とは、その人が持っている経験や価値観に基づく考え方や枠組みや思考様式です。

それが成功か固定か、どちらのマインドセットであるかによって、その人の人生に大きな差が出てくる、というものです。

興味深いのは、この考えを踏襲した形でドイツの研究者ファルコ・ラインベルクが「教師のマインドセット」が生徒の成績に与える影響を研究した結果です。

固定マインドセットを持つ教師の指導を受けた生徒は、学年の始めと終わりで「成績良好群と不振群の分布が変わらなかった」のですが、成長マインドセットを持つ教師の指導を受けた生徒は、学年の始めの水準に関係なく、学年の終わりに「全員が成績良好群に入っていた」というのです。

成功マインドセットで日々マネジメントをしている上司と、固定マインドセットで日々マネジメントをしている上司とでは、例えば同じマネジメントテクニックを使用したとしても、そのアウトプットと結果には徐々に大きな差がでてくるのは想像に難くないでしょう。

同じような考え方で有名な「ピグマリオン効果」もありますが、思考が行動の質に差を生む典型例と言えます。

チームづくりの土台は「心理的安全性」

組織行動学の研究者であるハーバード大学教授のエイミー・エドモンソンが最初に提唱し、その研究を受けてGoogle社が自社で調査し「効果的なチームの要素で最も重要」と、その調査結果によって急速に普及した「心理的安全性」。

今やチームづくりにおいて、その考えの浸透や具体的施策に講じている企業も多いのではないでしょうか。

代表的な「無知」「無能」「邪魔」「ネガティブ」という4つの不安をいかにして取り除き、行動特徴を変容させられるかがチームづくりの根幹といっても大げさではないと思います（図表19）。

ＪＲ女子柔道が心理的安全性を高める取り組みをしたことで成績がグンと上がったり、横浜高校

【図表19　心理的安全性の高低による行動特徴】

心理的安全性不足が引き起こす4つの不安と行動特徴

IGNORANT
無知だと思われる不安

心理状態
「こんなことも
わからないなんて」と
思われるのでは
ないだろうか・・・

行動特徴
●「わからない」と
言えない
●知らないことや
不明点を聞くことが
できない

INCOMPETENT
無能だと思われる不安

心理状態
「こんなことも
わからないなんて」と
思われるのでは
ないだろうか・・・

行動特徴
●失敗やミスを
隠してしまう
●自分の過ちを
認めない

INTRUSTIVE
邪魔をしていうると思われる不安

心理状態
「議論や仕事の
邪魔になっている」と
思われるのでは
ないだろうか・・・

行動特徴
●自発的な発言を
控える
●新しいアイデアを
発言しない

NEGATIVE
ネガティブ思われる不安

心理状態
「いつも否定ばかり
している」と
思われるのでは
ないだろうか・・・

行動特徴
●必要な指摘を
躊躇してしまう
●チームの問題に
ついて発言しない

心理的安全性が確保されることによる心理状態と行動特徴

IGNORANTの解消
無知だと思われない

心理状態
「こんなことも
わからないなんて」と
私のチームでは
誰も思わないよ

行動特徴
○「わからない」と
気軽に言える
○知らないことや
不明点を
遠慮なく尋ねる

INCOMPETENTの解消
無能だと思われない

心理状態
「こんなことも
できないなんて」と
私のチームでは
誰も思わないよ

行動特徴
○失敗やミスを
素直に認める
○できないことは
事前に相談する

INTRUSTIVEの解消
邪魔をしていうると思われない

心理状態
「議論や仕事の
邪魔になっている」と
私のチームでは
誰も思わないよ

行動特徴
○自分の意見を
躊躇なく発言する
○ユニークな
アイデアが生まれる

INTRUSTIVEの解消
邪魔をしていうると思われない

心理状態
「いつも否定ばかり
している」と
私のチームでは
誰も思わないよ

行動特徴
○必要があれば
否定的な意見も
発言する
○チームの問題を
建設的に議論する

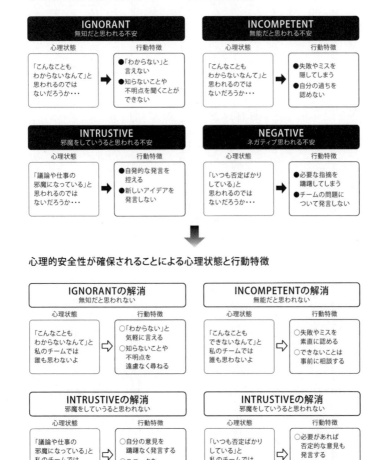

の渡辺監督が、昭和時代の熱血指導から平成の前期から後期にかけて徐々に「生徒との心理的安全性」を高めるマネジメントへと、時代にあわせて行動変容したことで、ずっと甲子園常連という結果を残してきた例にもあるように、チームづくりにおいて心理的安全性は欠かせない要素であると言えます。

また、様々な研究や角度から心理的安全性と同じような内容のものも多くあります。マサチューセッツ工科大学のダニエル・キム教授による「組織の成功循環モデル」もその1つです（図表20）。「結果の質」を上げるためには「行動の質」を上げる必要があり、「行動の質」を上げるためには「思考の質」を上げ、そしてその「思考の質」を上げるために「関係の質」を上げる必要がある、というモデルであり、つまり結果を出すためには関係の質をいかにして上げるかが重要である、という考え方です。

「関係の質」の中心になるのは「人間関係」です。この成功循環モデルのグッドサイクルの起点が図にあるように「①お互いに尊重し、一緒に考える（関係の質）」です。これがクリアできれば組織の成功循環は起きる、ということで、この関係の質こそがまさに「心理的安全性」と同等のものだと言えます。

また少し古い実験ですが、「ホーソン実験」という、アメリカで生産性向上の要因を調査するために実施された実験があります。

概要だけお伝えすると、「照明の明るさ」「疲労」「労働条件」「賃金」「人間関係」など、それぞ

【図表20　関係の質がよくないと結果の質が高くならない】

組織の成功循環モデル

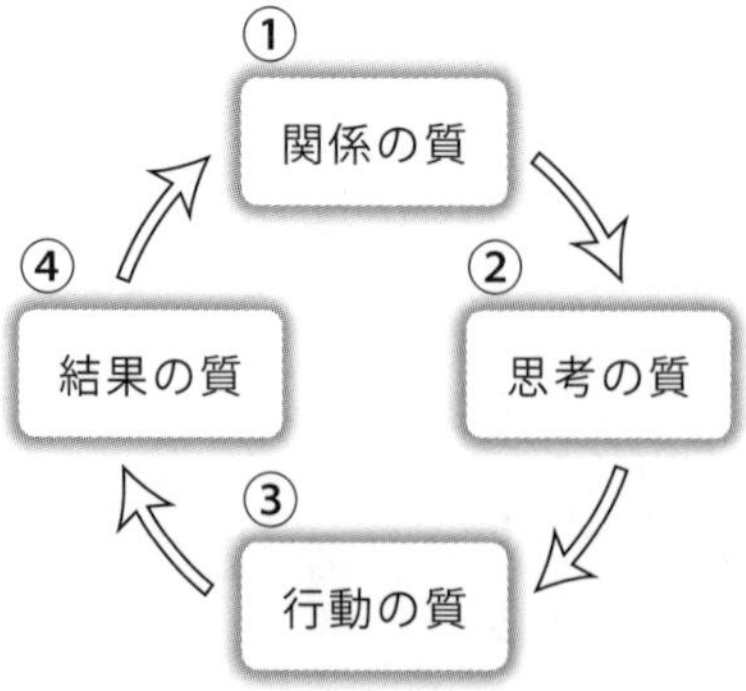

グッドサイクル

① お互いに尊重し、
一緒に考える（関係の質）
② 気づきがある、
面白い（思考の質）
③ 自分で考え、
自発的に行動する（行動の質）
④ 成果が得られる（結果の質）
⑤ 関係が高まる（関係の質）

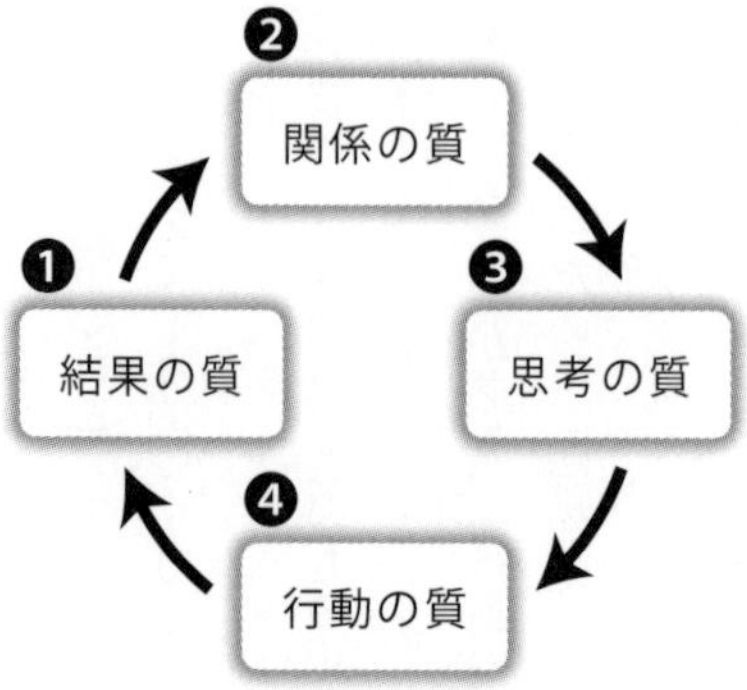

バッドサイクル

❶ 成果が上がらない（結果の質）
❷ 対立、押し付け、
命令する（関係の質）
❸ 面白くない、
受け身で聞くだけ（思考の質）
❹ 自発的・積極的に
行動しない（行動の質）
❺ 関係が悪化する（関係の質）

［出典］マサチューセッツ工科大学　ダニエル・キム教授　提唱

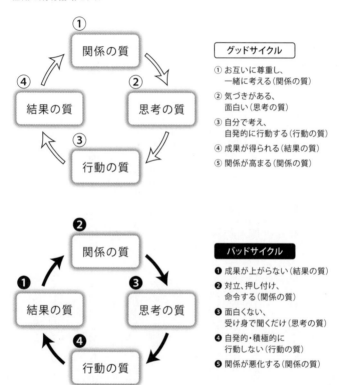

れの要素が生産性とどれだけ相関関係があるか、という実験です。

この実験での結論は、照明の明るさや労働条件など、いわゆる「外的要因や職場環境」には生産性との確かな相関関係はなく、「人間関係」が労働意欲や生産性の向上に影響する、というものでした。この実験結果も心理的安全性の重要性を同じように唱えているものでしょう。

またGoogleの調査結果をはじめ、「チーム」に対する様々な研究や調査によって提唱されている「組織論」の要素に心理的安全性と同様の要素が必ずと言っていいほど入っています（図表21）。

それだけこの「心理的安全性」は、チームづくりにおける原理原則であり、必須要素であることがわかります。

心理的安全性がチームとの相関データ

ここまで述べたように、心理的安全性がチームづくりの原理原則であるということを抑えた上で、一部調査ではありますが、相関関係を表すデータを紹介したいと思います。

図表21は、株式会社タバネルの「若手社員の心理的安全性調査」の結果ですが、「あなたのチームは自分の考えや気持ちを、誰に対してでも発言できる状態である／でない」の回答によって、心理的安全性を「高」「中」「低」の３つの群に分け、それぞれの群が図にあるような「チーム」や「上司」に関する質問項目とどのように相関関係があるかを表したものです。

質問内容はすべてポジティブなものであるのに対し、ご覧いただければおわかりいただけるよう、

【図表21　チームづくりの土台は心理的安全性】

Google Project Aristotle
チームの効果性が高いチームに固有の5つの力学

心理的安全性
チームメンバーリスクを取る事を安全だと感じ、お互いに対して弱い部分もさらけ出すことができる

相互信頼
チームメンバーが他のメンバーが仕事を滝クオリティで時間内に仕上げてくれると感じている

構造と明確さ
チームの役割、計画、目標が明確になってる

仕事の意味
チームメンバーは仕事が自分にとって意味があると感じている

インパクト
チームメンバーは自分の仕事について、意義があり、良い変化を生むものだと思っている

組織の健全性についての研究者パトリック・レンシオーニ
チームが機能不全に陥る5つの要因ピラミッド

信頼関係の欠如
チームメンバーがお互いを信頼しておらず、心地よく、かつ正直に本音や弱音を言い合える関係になっていない

対立への恐れ
チームのメンバーが互いの対立を恐れ、調和を保つために口をつぐんでいる

コミットメントの欠如
チームのメンバーが、チーム目標の達成や共同の作業に専念していない

責任の回避
チームのメンバーが、チームにおける自身の果たすべき役割について十分な理解と当事者意識、責任感を有していない

成果への無関心
チームのメンバーが、自分たちのゴールを見失っており、仕事の最終的な成果に対する興味・関心を持っていない

組織理論家ディック・ベックハード
GRPI（グリッピー）モデル：組織の健全性を考えるフレーム

目標
チームは、自分たちが何を目指しているのかをしっかりと理解し、共有する必要がある

役割
チームは誰が何を担うのかについて、曖昧さや責任の重複がないようにする必要がある

プロセス
チームは、どのように意思決定が行われ、どのように自分たちの仕事を成すべきかのプロセスを理解していなければならない

対人関係
チームは、お互いのコミュニケーションスタイルや仕事の進め方を理解し、尊重し合わなければならない

マイケル・ロンバードとロバート・アイヒンガー
T7モデル：チームの有効性に関する7つの要素

タレント
それぞれのチームメンバーが、仕事に関連したスキルと経験を持っていること

タスクスキル
チームメンバーが、タスクを能率よく達成していること

チームスキル
チームメンバーが、効果的に協力しコミュニケーションをとること

推進力
チームに共通の目標があること

信頼
チームメンバーが、お互いを信頼していること

チームリーダーの適合性
チームメンバーが、リーダーを信頼し、そのリーダーシップのスタイルを尊重していること

会社からのチームサポート
会社がチームをサポートし、成功のために必要なリソースを提供していること

ハーバードビジネススクール上級経営者養成プログラム
GRIP：効果的にチームビルディングを行うためのフレーム

目的・目標
目的・目標が明確になっており、メンバー全員が達成したいと思っているか

役割
1人ひとりの役割が明確になっており、その内容が全員に共有されているか

人間関係
全員が主体的に意見を出しており、チームが承認しあい、全員で達成したいと思える雰囲気が作られているか

段取り
仕事の流れやタスクが曖昧でなく、言語化・明確化されており、仕事の段取りがうまくいっているか

ビジネスリーダー・フランク・ラファストとカール・ローソン
LaFasto & Larson モデル：チームの成功に必要な5つの要素

チームメンバー
チームが成功するためには、適切な人材でチームを構成することが必須となる

人間関係
チームメンバーは、相互にうまく機能し、生産的な関係を保てるようでなければならない

問題解決
チームは仕事に集中し、オープンにコミュニケーションをとり、前向きな姿勢で問題に取り組む必要がある

リーダーシップ
チームには適切なメンバーだけでなく、適切なリーダーが配置されている必要がある

組織環境
組織全体がチームの障害をつくらず、チームに対して適切な支援とリソースを提供するようでなければならない

チームに関する至る調査や理論に
いわゆる「心理的安全性」の要素が含まれている。

すべての質問に対し、心理的安全性が「高」「中」「低」の高さそのままに比例しています。

企業としては項目の中で一番目につくのは「あなたのチームは業績がよい」の部分でしょう。絶対値こそ他の質問と比較して低めではありますが、心理的安全性の「高い」群が約６割、「中」が４割、「低」が2割と、その差は顕著に表れています（図表22）。

心理的安全性が高いから各質問項目も高いのか、各質問項目の内容ができているから心理的安全性が高いのか、この因果関係はどちらともいえると思いますが、いずれにしても自社内で心理的安全性をいかに高めていくかは重要課題であると言えるでしょう。

部下との心理的安全性を高める

会社全体の心理的安全性を高めることの重要性は、近年ますます注目を浴びるようになってきました。その重要性の認識は高まってきているのですが、実際に会社全体の心理的安全性を高めるには社員１人ひとりがその認識をもち、かつアウトプットしなければ会社全体として高まっていくことはありません。

その最たる焦点が上司部下間の心理的安全性です。もちろん「横」の関係（同期・同僚）の心理的安全性も重要ですが、会社全体の心理的安全性の「肝」となるのは「縦」の関係である上司部下間の心理的安全性です。

そしてその心理的安全性の高さは、部下が「自ら動き、自ら成長する」ための前提条件と言って

【図表22　心理的安全性の高低による各種相関】

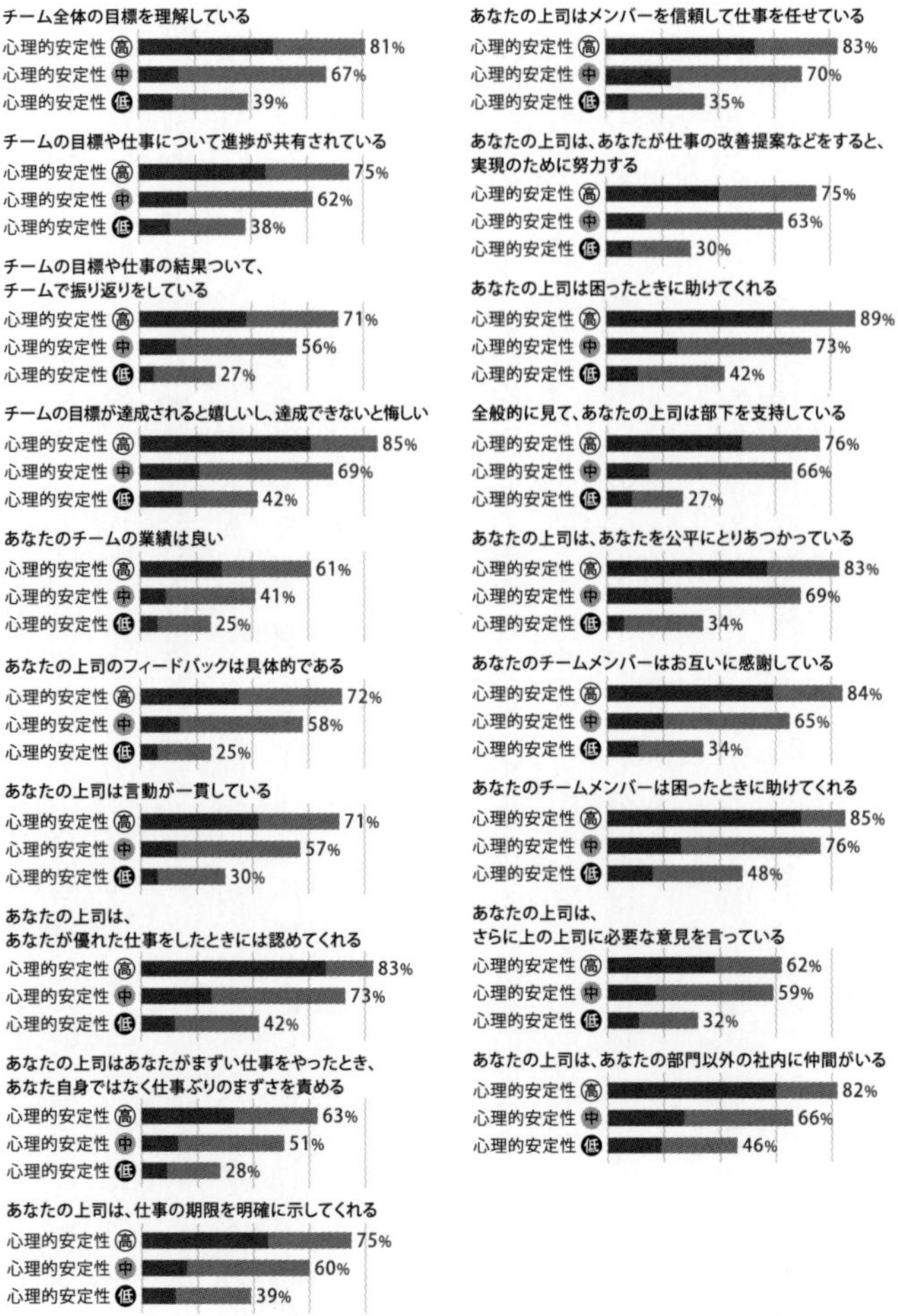
チーム全体の目標を理解している
心理的安全性 高 81%
心理的安全性 中 67%
心理的安全性 低 39%
チームの目標や仕事について進捗が共有されている
心理的安全性 高 75%
心理的安全性 中 62%
心理的安全性 低 38%
チームの目標や仕事の結果ついて、
チームで振り返りをしている
心理的安全性 高 71%
心理的安全性 中 56%
心理的安全性 低 27%
チームの目標が達成されると嬉しいし、達成できないと悔しい
心理的安全性 高 85%
心理的安全性 中 69%
心理的安全性 低 42%
あなたのチームの業績は良い
心理的安全性 高 61%
心理的安全性 中 41%
心理的安全性 低 25%
あなたの上司のフィードバックは具体的である
心理的安全性 高 72%
心理的安全性 中 58%
心理的安全性 低 25%
あなたの上司は言動が一貫している
心理的安全性 高 71%
心理的安全性 中 57%
心理的安全性 低 30%
あなたの上司は、
あなたが優れた仕事をしたときには認めてくれる
心理的安全性 高 83%
心理的安全性 中 73%
心理的安全性 低 42%
あなたの上司はあなたがまずい仕事をやったとき、
あなた自身ではなく仕事ぶりのまずさを責める
心理的安全性 高 63%
心理的安全性 中 51%
心理的安全性 低 28%
あなたの上司は、仕事の期限を明確に示してくれる
心理的安全性 高 75%
心理的安全性 中 60%
心理的安全性 低 39%
あなたの上司はメンバーを信頼して仕事を任せている
心理的安全性 高 83%
心理的安全性 中 70%
心理的安全性 低 35%
あなたの上司は、あなたが仕事の改善提案などをすると、
実現のために努力する
心理的安全性 高 75%
心理的安全性 中 63%
心理的安全性 低 30%
あなたの上司は困ったときに助けてくれる
心理的安全性 高 89%
心理的安全性 中 73%
心理的安全性 低 42%
全般的に見て、あなたの上司は部下を支持している
心理的安全性 高 76%
心理的安全性 中 66%
心理的安全性 低 27%
あなたの上司は、あなたを公平にとりあつかっている
心理的安全性 高 83%
心理的安全性 中 69%
心理的安全性 低 34%
あなたのチームメンバーはお互いに感謝している
心理的安全性 高 84%
心理的安全性 中 65%
心理的安全性 低 34%
あなたのチームメンバーは困ったときに助けてくれる
心理的安全性 高 85%
心理的安全性 中 76%
心理的安全性 低 48%
あなたの上司は、
さらに上の上司に必要な意見を言っている
心理的安全性 高 62%
心理的安全性 中 59%
心理的安全性 低 32%
あなたの上司は、あなたの部門以外の社内に仲間がいる
心理的安全性 高 82%
心理的安全性 中 66%
心理的安全性 低 46%

［出典］株式会社タバネル

他ならないのです。

また、心理的安全性を高めることはチーム全体としての「強さ」にも比例します。再三スポーツの例にはなってしまいますが、私がこれを如実に感じたのが今年の日本のプロ野球です。

今年の２０２３年、下位に沈んだ名門球団で目立って印象に残っていたのが、投手が四球を出す度に怯えたような顔でベンチの方をチラチラと見ている場面でした。心理的安全性の低いチームの典型的な「メンバーがミスに委縮する」という傾向です。

セ・リーグ優勝チームは阪神、パ・リーグ優勝チームはオリックスでしたが、私も毎試合見ているわけではないものの、そのような選手の委縮した様子はほとんど見られませんでした。

もちろんそれだけが要因ではないでしょうが、そういったチームの様子を表すものはスポーツの結果においても影響が大きかったのではないかと思います。一時代前の懲罰交代を代表とする「信賞必罰」のようなマネジメントでは、現在が全盛期で主力メンバーと言えるZ世代のスポーツ選手には効果が薄くなってきているとも言える結果ではないでしょうか。

一般企業に置き換えても、果たしてミスに怯えて上司の顔色を都度伺うような部下が「自ら動き」「自ら成長」するでしょうか。

そのような雰囲気では、本来のパフォーマンスが出せないどころか、積極性が失われ、社員１人ひとりのよい部分まで消えてしまうようなチームになってしまう、と言っても大げさには聞こえないかもしれません。

部下との心理的安全性を高める最低限5つのコミュニケーション

心理的安全性を高めるための「声掛けの仕方」や「考え方」などは、専門書などで様々な文献がありますが、当社としては基本的（当たり前）だけどできていない、5つのコミュニケーションのあり方を徹底するだけで、上司部下間、会社全体としての心理的安全性に変化が出てくると実感しています。

①　部下の話を最後まで聴く（途中で遮らない）

1つ目は部下が話している途中で遮らずに、最後まで聴く、というコミュニケーションです。先述したようにかなり当たり前のことなのですが、私がこれまで多くの会社のサポートに携わり、多くの方々とコミュニケーションをとってきている中で、この当たり前のことができていない方が非常に多いです。

人は自分の話を最後まで聴いてもらえず、途中で遮られることが続くと、その人に対して潜在的な不満が積み重なっていきます。潜在的ではありますが、自身が話を遮られる側の立場になると実感できると思います。

特に「上司部下間」という上下関係におけるコミュニケーションでは最も起きやすい事象です。一般的に上司・部下間というのは実績や経験、年齢などその両者の間に「差」があるからこそ生まれる関係ですが、その関係性の中で、上司は「オレの考え、言うことのほうが正しい」という潜在意識からか、部下の口から上司自身の考え方や価値観、経験による自負に逸れたり背いたりする言葉が出てきた瞬間に「でも、それはさあ」と、話を遮って自身の考えや価値観を滔々と語り出すパターンは目に浮かぶでしょう。

人の話を遮るということは、その人自身を承認していない、という見方もできてしまいます。多くの場合、自分より社会的立場が下の人に向けて、説得や論破を試みるときにこの傾向は出やすいです。多くはないかもしれませんが、逆に部下が上司の話を遮ることも、部下がその上司を「認めていない」から起こり得やすいと言えます。

これに関連するものとして、グーグルや国連、世界銀行などにコンサルティングを行っているジョージタウン大学准教授のクリスティーン・ポラスの著作「礼儀正しさこそ最強の生存戦略である」の調査によると、礼儀正しさに関わる言葉に触れた人が、その後に他人の話を遮る確率が16％だったのに対し、無礼さに関わる言葉に触れた人のほうは、その後に他人の話を遮る確率が67％と各段に上がった、という結果が出ています。

上司自身の日常的なコミュニケーションのあり方はもちろん、根本的には社員1人ひとりが礼儀正しさをアウトプットし続けることによって「礼儀正しい」環境・職場の雰囲気がつくり出され、人の話を遮るという潜在的不満の蓄積が減少されていくことで、心理的安全性を高めることができていくのです。

② 目を見て、話を聞くこと以外に注意を逸らさない

10年以上前から打ち合わせや会議、または顧客との商談の場でも「パソコンを見ながら」コミュニケーションをとるスタイルが主流となっています。もちろんメモをとる、資料を共有する、などパソコンにも注意を払いながらコミュニケーションすること自体は生産性や業務効率化という意味では非常に大事なことです。

しかし、部下が個別に上司に対して話しかけるときに関しては、パソコンから手を放し、相手に身構えさせない程度に正対し、目を見て部下の話を聞くことにのみ注意を払いましょう。

これは近年、「効果がある」とピックアップされ、多くの会社で導入している上司部下間での「1on1」でも同様のことが言えます。

部下との1on1で上司がパソコンを見ながら話を聞いている様子はどうでしょう。部下からすると「ちゃんと話を聞いてくれているのかな」と不安や不満が募ります。重要なのは上司本人はしては真剣に聞いていたとしても、部下から見た印象で「聞いていなそう」と思われたら信頼関係は崩れてしまう、ということです。

そのような上司としては「メモ」のためにパソコンのキーを叩きながら面談している場合がほとんどなのですが、部下が話す、上司が聞いてメモをパソコンに打ち込む、という繰り返しのシチュエーションは「警察の取り調べ」のような図です。

人間は忘れる生き物ですのでメモをとることは重要なのですが、すべて取り調べのように自分が

話したことをパソコンに打ち込まれると、部下からすれば心理的「拘束感」が高まり、面談自体の居心地もよくなく、本音を話せない状態になっていきます。

こういったことを避けるためにも、特に１ｏｎ１中、上司はパソコンには一切触れず、部下の話を聞くことだけに集中しましょう。メモは面談が終わってから部下がいないところで覚えているうちにすぐにとればいいのです。

私が顧客に１ｏｎ１の仕方をレクチャーする際は、パソコンはおろか、そもそも机の上に何も置かずに実施することをお伝えしています。とはいえ、もしメモが必要な場合や、何もメモしないと逆に「ちゃんと聞いているのか？」と思う部下の場合は、最低限ペンとポストイットなどだけ持ち込み、必要だと思ったタイミングで部下に「今の話とても重要だからメモとってもいい？」と確認してからメモをとる、というプロセスを踏むだけで印象が全く変わります。

誤解を恐れずに言えば、実際に上司が話をしっかり聞いているかよりも、「話をしっかりと聞いている態度」であるかどうかを部下は潜在的に意識しています。

「この上司は自分の話をしっかりと聞いて受け止めてくれる」という見方をされるだけで、部下からの信頼は格段にアップします。

このような基本的であるにも関わらず、多くの企業でできていないコミュニケーションがデフォルトでできるようになると、上司部下間のみならず会社全体としての心理的安全性も担保されるでしょう。

③　部下の意見に対して「頭ごなしの否定」はしない

先述した①②にも関連してきますが、３つ目は部下の意見に対して頭ごなしの否定はしない、というコミュニケーションです。

①②でお伝えした「話を遮って」頭ごなしの否定をすることはもちろん、部下の話に集中し、最後まで話を聞いた上でも、その意見に対して頭ごなしの否定はＮＧです。

話を遮られることと同じように、自分の意見や考えを真っ向から否定されると潜在的不満や不安が積み重なります。

心理的安全性を最初に提唱したエイミー・Ｃ・エドモンドソン教授の心理的安全性の測定における「7つの質問」に中に、「チーム内でリスクの高い発言や行動をとっても安全だと感じられるか？」という質問があります。

つまり自身の意見が頭ごなしに否定され続けると、この質問に関しては著しく低い回答が出て、心理的安全性が高い状態ではなくなります。

まずはどのような意見であろうと、いったん「共感」する、という受け止めをする必要があります。勘違いしていただきたくないのは、部下の意見をすべて「それは正しい」という形で認めるのではありません。

「そんな風に思っていたんだね」「そういう考えもあるね」という形で、その感情や考え方に対して共感をするだけで、その後に行う上司のフィードバックに対して部下の聞く耳のもち方が変わってきます。営業テクニックでもよく使われる「Ｙｅｓ—Ｂｕｔ法」と同じようなものです。

ビジネスにおいて正解のあるものなどほとんどないのですが、特にそのような「正解のない問い」に対する意見に「否定」するという行為は「自身の価値観の押し付け」です。正解がないものの意見に否定する、という行動は「その意見は自分の価値観とは違うから否定」という行動に他なりません。

上司が自分の価値観を押し付ける、という行動は、その上司の人間性に対しての不信感の蓄積、そして頭ごなしの否定の連続による心理的安全性の低下は免れません。だからこそ、頭ごなしの否定はせず、いったん共感するというコミュニケーションが必要なのです。

④　ネガティブな報告に対して「なんで？」を使わない

４つ目の「当たり前コミュニケーション」は、部下のネガティブな報告に対して「なんで？」という言葉を発しないことです。わかりやすいのは、部下の「すいません、今回の新規案件、失注しました・・・」や「〇〇製造のラインで不良が出ました・・・」というネガティブな報告に対して、上司が即座に「は？　なんで？」という言葉を返す状況です。

ネガティブな報告に対する「なんで？」は「理由を聞いている質問」という着ぐるみを着た「詰め言葉」です。上司の「なんで？」という言葉に委縮し、精神的圧迫感を感じることは誰でも１度は経験があるでしょう。

もちろんトヨタの問題分析、原因追究の代表される「なぜ？を5回繰り返す」という手法は非常に効果的なのですが、それはコミュニケーション上の「なぜ？」ではなく、根底にある原因を特定する、という平静時に論理的に実施するからこそ効力を発揮するのです。

これが感情的なコミュニケーション上で「なんで？」になると、途端に心理的安全性が低下していきます。

ネガティブな報告に対し、瞬間感情的に「なぜ？」と言いたいのを堪え、例えば「・・・そうか」や「・・・なるほど」など、いったん受け止めた上で「次よい結果を出すために」「同じような事が起きないように」「解決したいから」などの前置きをし、「詳細を話してくれる？」という言い方に変えるだけで、部下も委縮せず、前向きに事実を話してくれます。

「なんで？」と聞くと部下から出てくるのは「言い訳」です。上司は言い訳など聞きたくないのですが、その聞きたくない言い訳を引き出してしまっているのが上司自身の部下に対する「なんで？」という質問なのです。

例えば友人等との会話での「○○って△△なんだって」「へー、なんで？」のような「なんで？」は問題ありません。それは「なんで？」と聞かれた人が「むしろ理由を話したい」「なんで？とむしろ聞かれたい」からです。しかしビジネスにおけるネガティブな報告、という状況では、部下からするとできれば理由（言い訳）は話したくないものです。

だからこそネガティブな報告にこそ「なんで？」は瞬間的に使わずに「受け止め」→「前置き」

↓「理由や詳細を聞く」というプロセスを踏むコミュニケーションが重要なのです。

⑤ 事前は「説明」事後は「言い訳」

５つ目は、何事も取り組む前に「説明」を行う、というコミュニケーションです。「なぜこれをするのか」「どのような目的なのか」「その意図はなにか」など、これらを省略して社員に何かを実行させると、問題が起きた際に心理的な不信・不満ができてしまいます。

問題が起きた後に「なぜ」を説明しても、その説明はもはや説明ではなく「言い訳」にしか聞こえないのです。上司が言い訳をすればするほど社員の不信感が高まるのは目に見えるでしょう。必ず目的や意図など説明を「事前」にすることが重要なのです。

サッカーの川崎フロンターレで活躍していた中村憲剛選手も、ザッケローニ監督時代の日本代表の際は同じような思いをしたことをスポーツインタビューで語っていました。

ワールドカップは4年に1度であり、日本代表を4年かけてつくるということから、最初の２年は若手や今まで日本代表に選ばれていなかった選手を中心に招集し、ワールドカップで使えそうかを見極める期間だったそうです。

その間、代表経験の豊富な選手はほとんど招集されず、中村選手は「このままオレをフェードアウトさせる気なのでは・・・」と疑心暗鬼になったそうです。実際には最終的にワールドカップのメンバーには入れなかったのですが、ザッケローニ監督としては中村選手に対する信頼は厚かったようで、「代表経験ある選手はワールドカップに近い時期で招集して、前半のメンバーと形をつくる」という想定だったようです。

その「チームづくり」の考えやビジョンを、先に中村選手をはじめとした代表経験あるベテランに伝えておけば問題なかったと思います。

この事例は実際には大きな問題になっていませんが、もし選手から抗議等あり、チームが不協和音になり始めてから先述の「こういう意図だった」と説明しても、やはりそれは説明ではなく後づけされた「言い訳」にしか聞こえず、不信感を生んだことでしょう。

「あとから説明すればわかる」ではなく、何事も取り組む前に「説明」を行う、というコミュニケーションが必要なのです。

【会社単位でのサポート】

これらの基本的なアウトプットの浸透を醸成させていくためにも、管理職個別の尽力とは別に、会社単位としてサポートすることは、「心理的安全性の重要性」を研修やミーティングなどを通して認識、啓蒙、浸透させるような取り組みを行うことです。

先述したように、管理職1人ひとりが心理的安全性を高めるアウトプットを行ったとしても、一般社員にその知識や認識がなければ、それらの取り組みの効果が低くなってしまったり、効果が出るまで時間が必要以上にかかってしまいます。

心理的安全性を高めることへの重要性を全社統一認識したうえで、心理的安全性の高さをアンケートによって現状把握し、不足しているところを中心に高めていくような取り組みを実施することで、上司部下間はもちろん、会社全体としての心理的安全性が徐々に高まっていきます。

「自分は部下を育てられる」という勘違い

「私は部下を育てられます。今までも活躍しているAさんなんかは自分の部下だったんですよ。」このように自負する管理職を多く見かけます。ただ、このように自負している管理職ほど「自分は部下を育てられるマネージャーだ」と勘違いしている場合の方が多いです。

何をもって「勘違い」かと言うと、「マネージャーが何もせずとも勝手に育つ社員」がたまたま自分の部下だったから、という場合がほとんどだからです。

世の中の人材には一定数「マネージャーが何もせずとも勝手に育つ社員」がいます。マトリクスで表すと次の図のようなイメージです（図表23）。

「スキル」を横軸に、「目標」を縦軸にしたマトリクスですが、例えば新卒や若手など、社会人経験が同じく浅い人材同士でも、「仕事処理スピードが速い」「ミスが少ない」「思考が深い」など基礎となる部分、いわゆる「ファンダメンタルスキル」には差があります。

このスキルはもちろん後天的にも成長していきますが、先天的なものも多くの要素を占めます。このファンダメンタルスキルが高い人材と低い人材が横軸でカテゴリされ、縦軸の「目標」に関し

【図表23　スキル×目標の人材マトリクス】

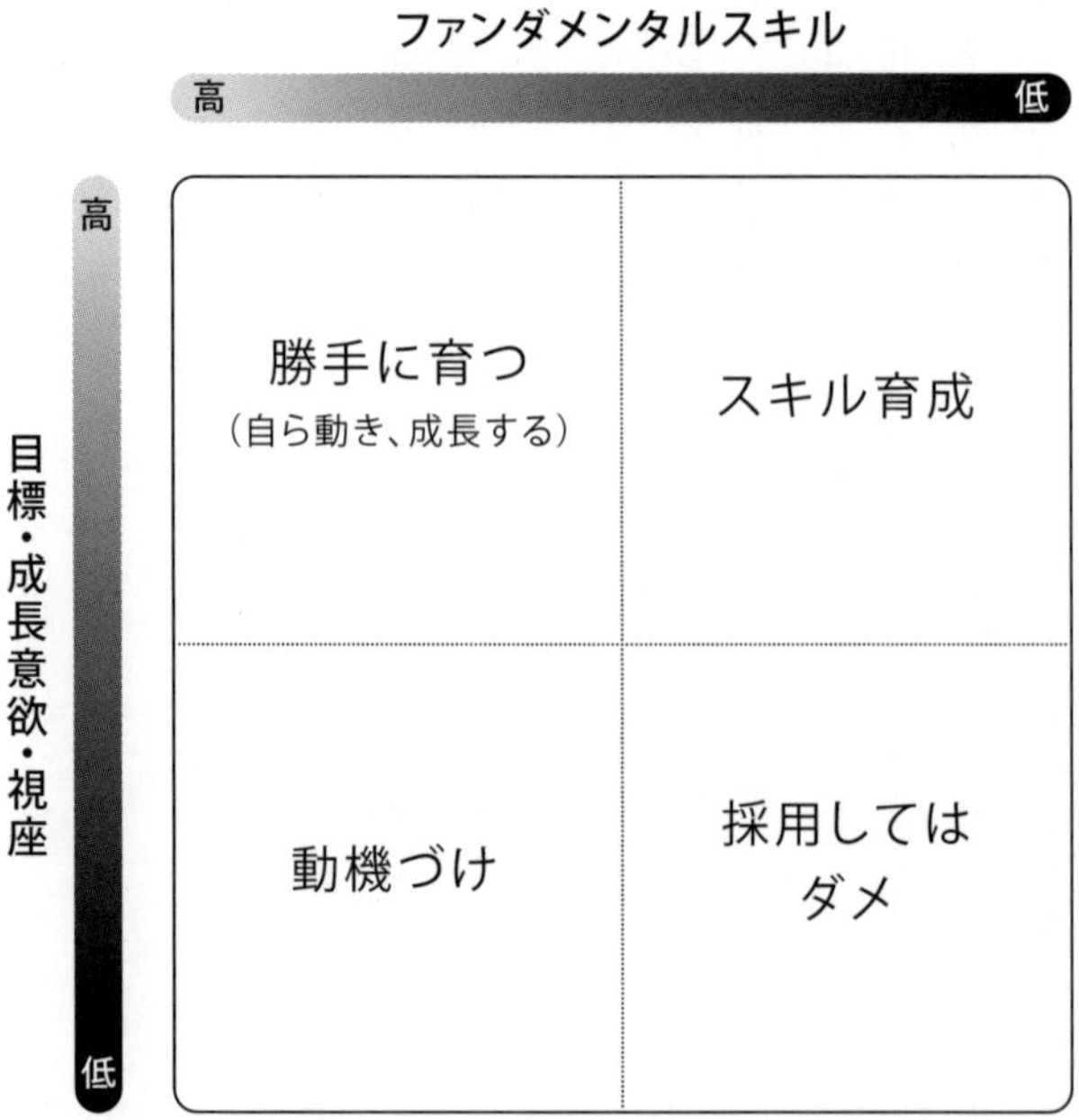

ては、社会人として、また1人の人間として夢や目標が明確にある、それに伴い成長意欲が高く、視座が高いなどの内在する要素です。

これらの要素が「ある人材「高い人材」と「ない人材」「低い人材」にカテゴリされるのが縦軸です。

そのカテゴリで左上の人材、つまり自分の中で目標や成長意欲があり、ファンダメンタルスキルが高い人材というのは、先述した「マネージャーが誰であろうと勝手に育つ人材」なのです。これは多くの方がイメージできるでしょう。

このような人材がたまたま部下についた管理職が、勝手に育つ様子を見て「自分は部下を育てられるマネージャーだ」と勘違いしていることが非常に多いです。しかもこのような勘違いをしているマネージャーほど、思ったように育たない部下が下につくと「何であいつは育ったのにこいつはダメなんだ」「できないあいつが悪い」「こいつを育てるのは誰でも無理だ」と、自身の未熟さに気づかず責任転嫁をするようになります。

しかも更に悪いことに、上司がこのように思っているのを部下はすぐに察知します。「自分は上司からダメだと思われている」「見放されている」と感づくと、「敵意の返報性の原理」よろしく、部下自身も上司に対して敵意をむき出しにしていく、という悪循環に陥っていきます。

「右上」と「左下」の人材をいかに育てられるか

「部下を育てられるマネージャー」の最低限のラインは、先述した人材マトリクスの右上にある「目標や成長意欲はあるけどファンダメンタルスキルが低い人材」と左下にある「ファンダメンタルスキルは高いけど目標や成長意欲が低い人材」を育てられることです。

これら「社員のスキルアップ」と「目標の明確化」はいずれも管理職に必要な能力であり、「自ら動き」「自ら成長」する社員を育てるためには欠かすことができないものと言えるでしょう。

また、右下の「成長意欲や視座」も「ファンダメンタルスキル」も低い社員、というのはそもそも採用してはいけない人材なのですが、現時点でも、今後さらにという意味でも「人手不足」の中、「右下」の人材であっても企業としてはどうしても採用しなくてはならない場合もあるでしょう。

そのような人材を育成する場合は、必ずということではありませんが、基本的には「ファンダメンタルスキル」のほうから最初に向上させるアプローチをしましょう。

スキルが向上し「できること」が増えると、本人に自信がついてきたり、やりたいことが見つかってきたりして、目標や成長意欲、視座のほうも徐々に上がってきます。そのような逆L字ラインでマネジメントすることを推奨します。

部下に目標を持たせるのは上司の使命

私も多くの会社を見てきましたが、夢や目標を明確にもっている社員というのは相対的に少ないと感じます。

実際、様々な調査で「夢やビジョンはあるか?」「目標はあるか?」の質問に対して、ある人とない人はおよそ半々程度という結果も出ています（図表24）。

しかし、「自ら動き」「自ら成長する」という社員になってもらうためには、本人が夢や目標をもつことが大きなポイントです。図表24にもあるように、今はもっていなくても、夢や目標をもちたい、という人が7割いるので、その動機づけをしっかりとできさえすれば「自ら動き、成長する」という社員に近づけるのではないでしょうか。

そして夢や目標をもっていない部下にもってもらえるよう、サポートをするのが上司の使命だと言えます。

【図表24　夢・目標・ビジョンがない人のほうが多い】

「将来こうなりたい!」という、仕事に対する夢やビジョンはある?

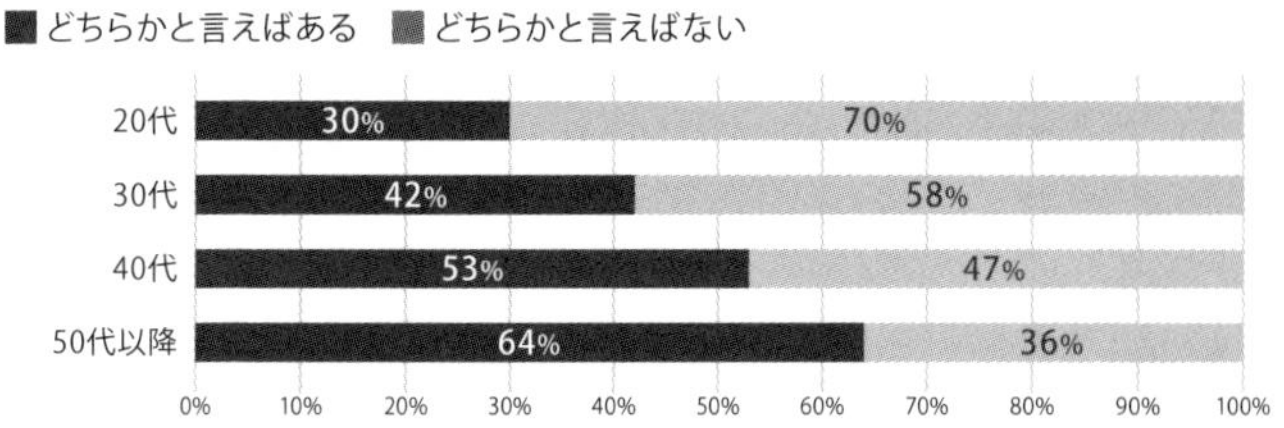

[出典] 株式会社スタジオテイル:みんなの転職「体験談」

人生に目標がない

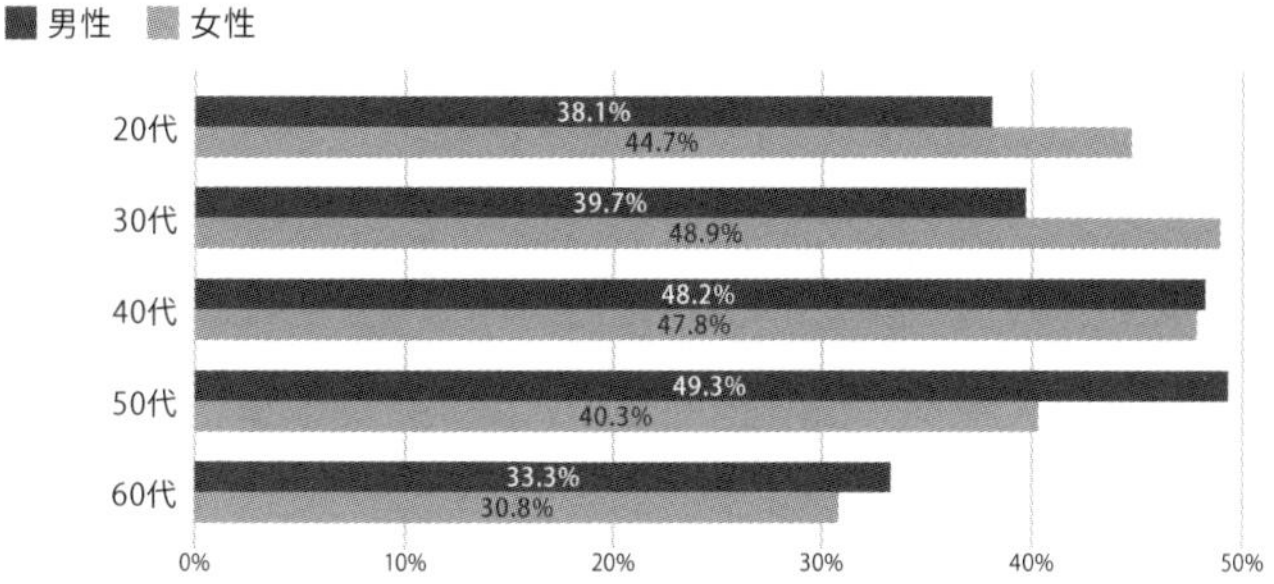

[出典] しらべぇ編集部

「将来の夢・目標」を持ちたい

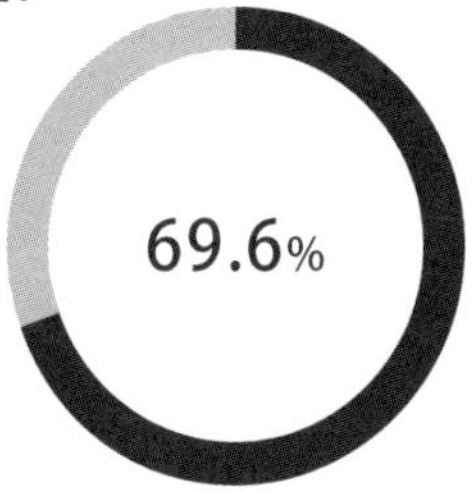

[出典] さわかみ投信株式会社:『新社会人の夢とお金』のホンネ調査

そのような場として、例えば貴社では上司部下間での1on1面談は実施しているでしょうか。近年、部下のマネジメントをするにあたっては有効な手段であると、多くの企業で導入をしています。

その中で興味深いデータがあります。上司との個人面談で「話す内容」と「話したい、話すべき内容」のギャップについてです（図表25）。

「実際に話している内容」と「話したい、話すべき内容」のそれぞれの1位は「業務進捗」です。これは遊びではなく仕事をしている中で実施する1on1なので当然だろうと思うのですが、興味深いのは「実際に話している内容」の2位が「会社の方針」に対して、「話したい、話すべき内容」の2位は「キャリア」だということです。

キャリアについては、「実際話している内容」では5位の位置にいますが、部下が求めている内容でいうと2位という位置にあり、自身のキャリアについて上司に相談したい、明確にしていきたい、という社員が多いという1つの表れだと言えます。

キャリアを見える化する

社員のキャリアが明確になるよう、キャリアを「見える化」することが上司の役割です。特に20代の若手社員に関しては、どのようなものがキャリアか、どのようなキャリアがあるのか、という「キャリアの知識」が不足している場合が多いので、まずは部下が漠然とでもキャリアをイメージ

【図表25　上司との個人面談で話したいことへのギャップ】

上司・部下の個人面談では本音で話せていますか？

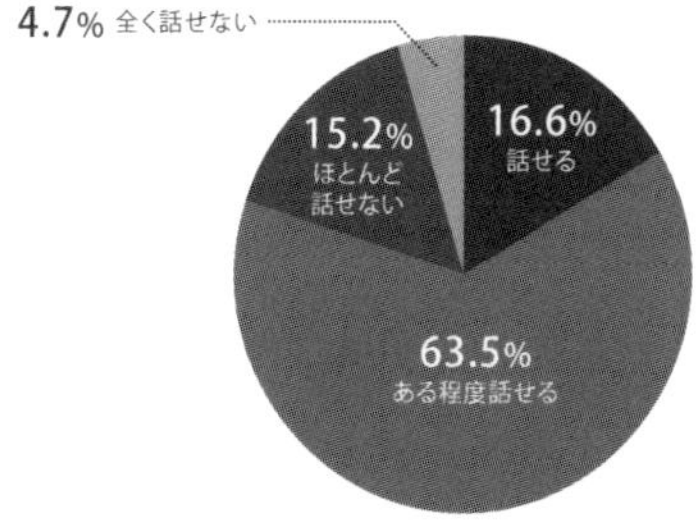

個人面談でよく話す内容はなんですか？

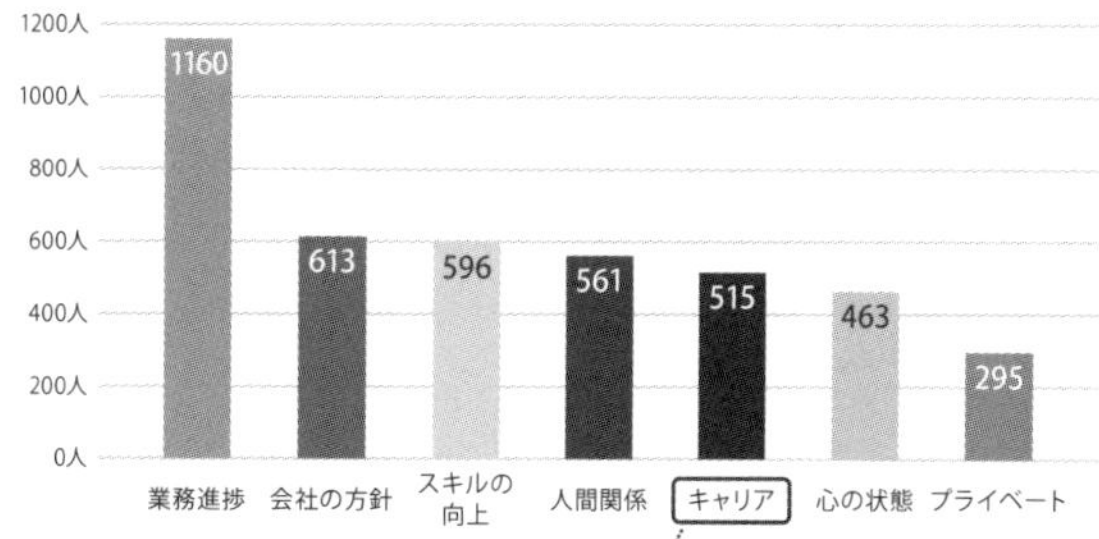

個人面談で話したい 話すべきだと思う話題はなんですか？

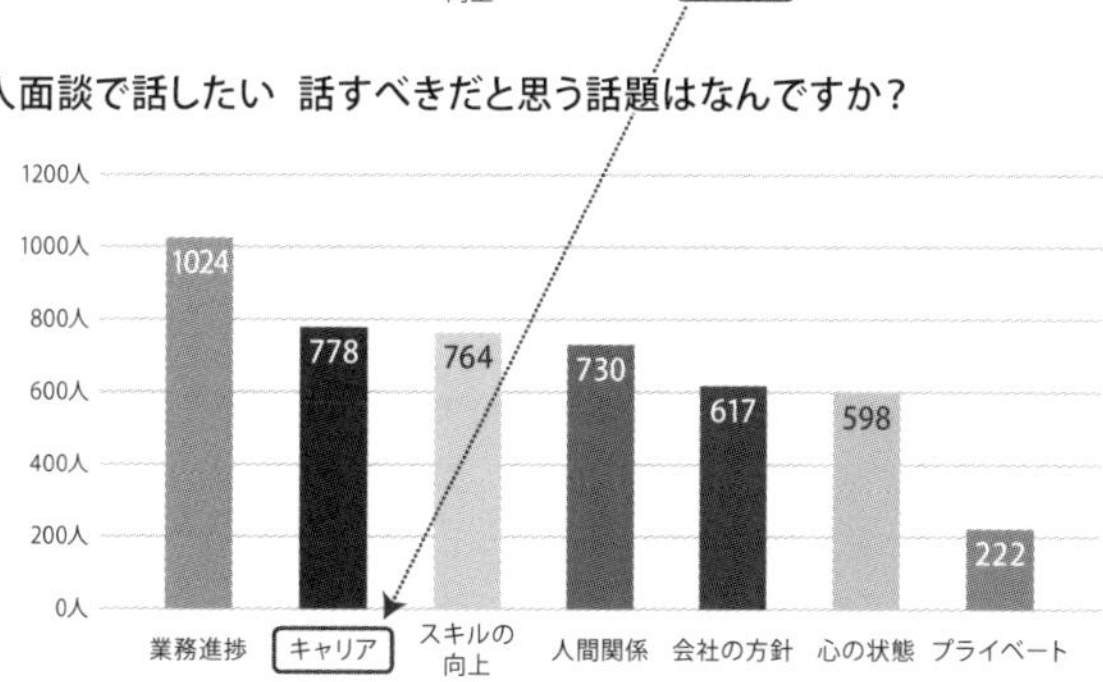

［出典］Chatwork株式会社：「上司・部下のコミュニケーション」に関するアンケート調査

できるよう、上司部下間で具現化していきましょう。

社員のキャリアを考えていく上で最も根幹にあるべきものは「ビジョンリンク」です（図表26）。ビジョンリンクとは会社のあるべき姿、目指す方向性、といういわゆる「会社のビジョン」と、その会社が目指している方向とそのプロセスの中で、自分自身はどのようになっていたいか、という「社員個人のビジョン」をリンクさせるという意味の当社独自の言葉です。

「会社のビジョン」と「社員個人のビジョン」。この2つがしっかりと平行になっていることで、会社と社員がそれぞれ同じ方向を向き、会社の成長と個人の成長に整合性が保たれていきます。ひいてはそれが社員自身の「この会社で働く理由」につながり、社員自身の成長速度を速めると共に、社員の会社に対するエンゲージメントも高まっていきます。

このような形にしていくために、具体的には社員1人ひとりの「キャリア設計シート」を作成していきましょう（図表27）。

図表27のキャリア設計シートの見本は、当社が顧客に雛形で提供しているものから一部抜粋したシートですが、まずは会社の現在から将来に向けたプロセスを売上、事業、組織といった形で明確にしていきます。

それにともない、社員個人のキャリアを年齢や所属、役職や得ているスキル、そして仕事面だけに留まらず差し支えない範囲でのプライベート面まで「ビジョンリンク」することで、具体的に言語化し、明確にしていきます。

【図表26　ビジョンリンク】

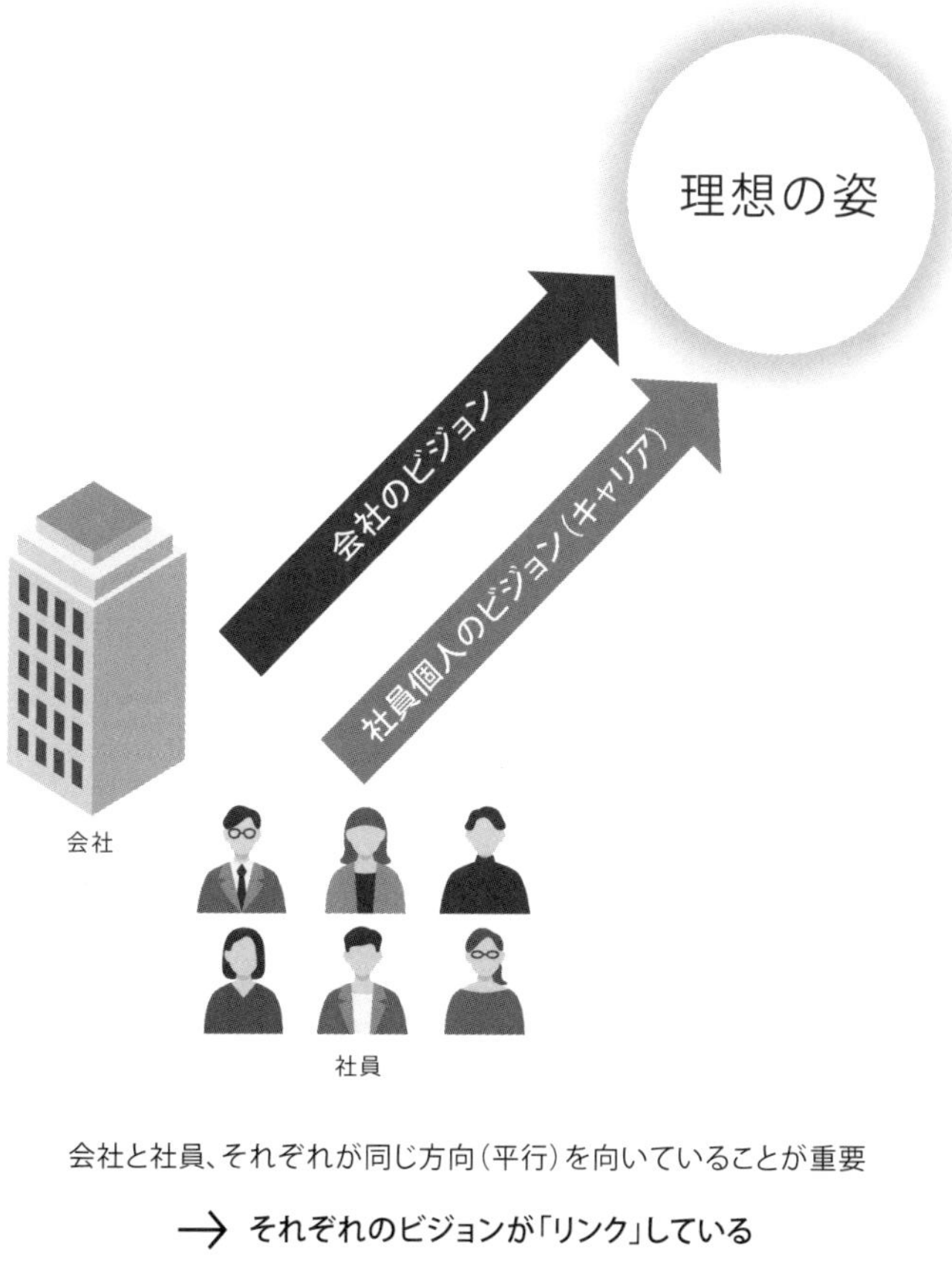
理想の姿
会社のビジョン
社員個人のビジョン（キャリア）
会社
社員
会社と社員、それぞれが同じ方向（平行）を向いていることが重要
→ それぞれのビジョンが「リンク」している

【図表27　キャリア設計シートイメージ】

時期						年				年
			現在							年後
会社		売上規模								
		ビジョン								
		事業・組織図								
個人	年齢			歳	所属			歳	所属	
	仕事	キャリア	役職		等級		役職		等級	
		保有している能力・スキル								
		従事している仕事内容								
		保有している能力・スキル								
	プライベート	自分像（何となくこうなっていたいというイメージ）								
		趣味								
		コミュニティ								
		家庭								

会社のビジョンと社員個人のキャリアを
言語化してリンクさせる

これを上司部下間での１ｏｎ１面談で話し合いながら形づくっていくことで、部下の目標が明確になっていくと共に、社員から「上司が自分のキャリアを一緒になって考えてくれている」という信頼関係の構築にもつながっていきます。

関連する内容として、メジャーリーグで活躍する大谷翔平選手の話をしたいと思います。ご存知の方も多いと思うのですが、大谷選手は高校卒業と同時に日本のプロ野球には入らず、アメリカのメジャーリーグへ挑戦する予定でした。

この決意はかなり固いものであることから、日本のプロ野球の球団は大谷選手をドラフトで指名をしない、という流れができていたのですが、日本ハムだけは強行指名したのです。指名したとしても交渉権を得るだけなので、大谷選手が首を縦に振らなければ入団してもらうことはできません。

多くの方が「入団しないだろう」との見方をしていましたが、結果としては大谷選手の日本ハムへの入団が決まり、世間を驚かせました。

あれだけアメリカ行きを熱望し、日本球団に「指名しないで」とまで言った大谷選手が日本ハムに入団を決めた理由の大きな1つに「大谷翔平君　夢への道しるべ」と称した資料の存在がありました（図表28）。

内容は一部ネット上に公開されていますが、この資料はまさに先述した「キャリア設計シート」のようなものなのです。

記載の内容は客観的データなどから「日本のプロ野球球団に入ってからメジャーリーグ入りした

【図表28　大谷翔平選手の日本ハムとの入団交渉時の資料】

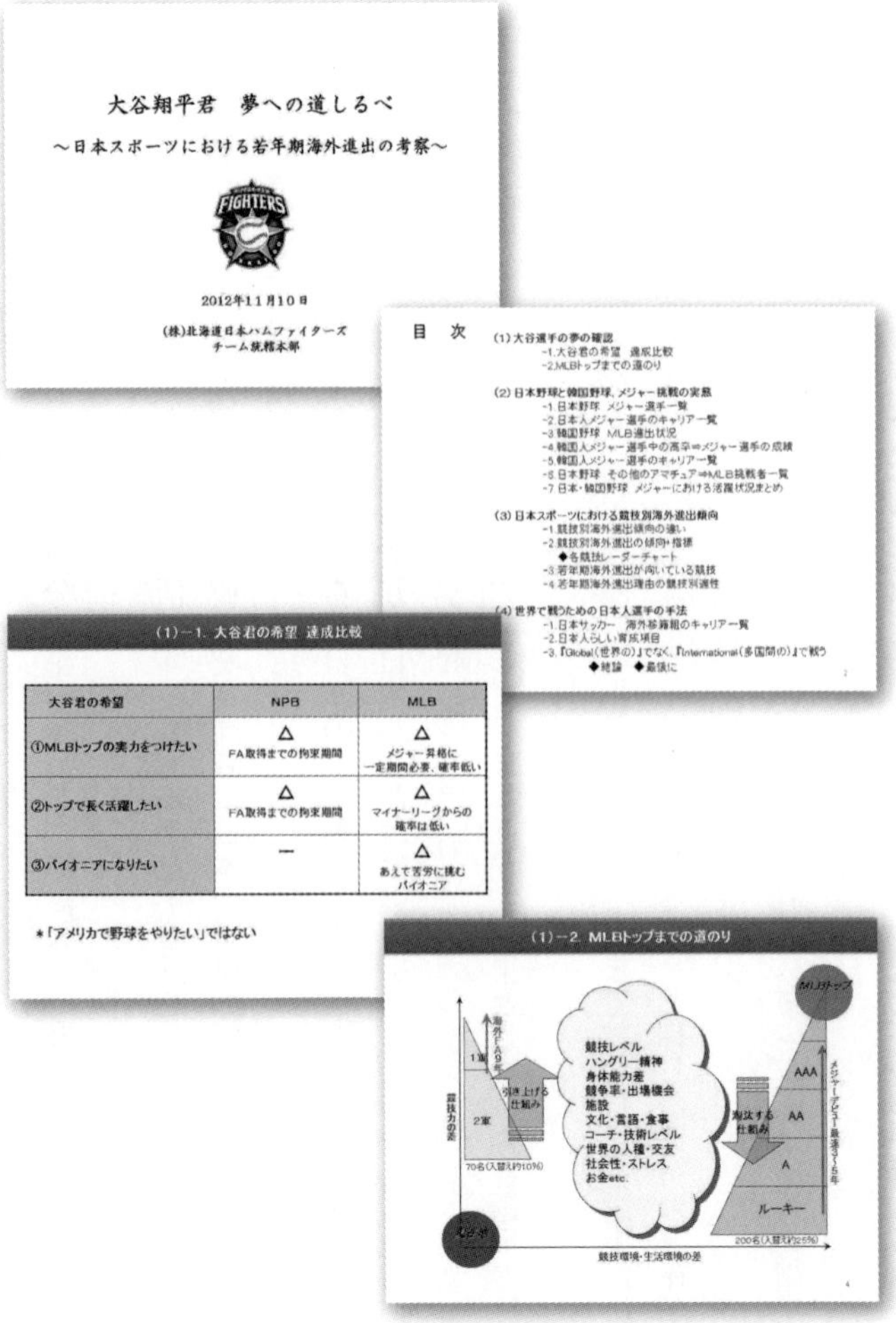

ほうが成功する確率が高い」という、論理構成が中心であり、その内容に納得をしたからこそ大谷選手も入団を決めたのだと思いますが、片方で「自分のためにこれだけ考えてくれた」という熱意にも心を動かされたのではないでしょうか。

「目標が明確に定まると、その目標に向かって到達しようと自然に行動する」このような現象を私はサーボメカニズム効果と呼んでいます。本来、サーボメカニズムとは船などに搭載されているもので、物体の位置、方位、姿勢などを制御量として、目標値に追従するように自動で作動する仕組み、自動制御装置のことです。

このようなメカニズムは人間の脳にもあるようで、目標が定まるとその目標の達成に向かって行動をするようになる、という効果を「目標を明確にする」ことで生み出していきます。

1on1面談の「細部に神は宿る」2つのあり方

近年、「効果が出る」という謳い文句によって、急速に企業に広まった上司部下間での1on1ですが、話す内容や目的、あり方などを飛ばし、形式として実行したことにより、想定していた効果が出ずに機能していない会社を多く見受けます。

特に多いのが「上司が何を話したいか、伝えたいか」を1on1の中心にしてしまっている傾向です。そのコミュニケーションは日常のマネジメントでも実施しているはずであり、あえて1on1でも同じコミュニケーションをする意味がありません。

大事なことは部下が何を話したいか、伝えたいか、です。この観点を1on1の中心に置くことで、効果が出る、機能するスタートラインに立つことができます。

先述した「パソコンを見ない、机の上に何も置かない」もその1つですが、それを除く1on1を実施するにあたっての重要な「細部」2つをお伝えしたいと思います。

ちなみに1on1の目的や手法などは、最近専門家が多くの書籍を出しているのでそれらを参考にしていただければと思いますが、ここではそれら書籍ではあまり触れない「神の宿る細部」について触れていきたいと思います。

部下の話したい内容でもあった「キャリア」について、上司と一緒に考えていくという意味では1on1の中でコミュニケーションすることが大事だとお伝えしました。

まず1つ目は、その部下のキャリアを考えていく際に「あれやこれや」と上司が部下を「質問攻め」にするのはNGだということです。

上司部下間での信頼関係が盤石であれば、上司が質問攻めをしても部下は色々と話してくれると思いますが、そうではない場合、上司が質問攻めをすると本音で話してくれない可能性が高いどころか嫌気をさされてしまいます。

先述した図表24の「個人面談で話したいことのギャップ」で、上司に本音で話せる部下の割合は16%程度です。「ある程度本音で話せる」が6割以上であるため、ここでは少なくともなるべく本音で話せるようなコミュニケーションにする必要があります。

考え方の参考にしてもらいたいのは「ジョハリの窓」です（図表29）。自己開示と他人からのフィードバックの双方によって、自分も他人も知らない「未知の窓」を開け、自身の可能性を見つけられると同時に、相手との関係性が深まる、という考え方です。

相手に腹を割って話してもらうためには、自分も腹を割らないといけません。これは心理学でいう「好意の返報性」に通じるものがあります。人に何か施しを受けたとき、お返しをしなければいけないという気持ちになることを「返報性の原理」といいます。

先に相手が自己開示したとき、自分も同じ程度の情報を開示しようと考えるのは、この返報性の原理によるものです。このように「返報性の原理」は人とのコミュニケーションにおいても適用でき、相手が素直に腹を割って話せば、自分も腹を割って話したいと思うのです。

この返報性の原理に関連するものとして、株式会社クロスリバーの調べによると、同僚の働きがいを聞いてみたいと思ったら、「あなたの働きがいって何？」と一方的に聞いても12％の人しか答えてくれませんが、先に「自分がどういうときに働きがいを感じたか」というストーリーを伝え、その上で「働きがいを感じたことある？」と聞くと78％の人が自分の働きがいを答えてくれる、という結果が出ています。

近年ではコーチングという手法がもてはやされ、上司が部下に対して「コーチングすれば効果が出る」と導入するパターンも珍しくありませんが、そのほとんどは本質を捉えずに「質問して部下に話をさせ、答えを引き出せばいい」という認識で部下に「質問攻め」をする管理職が多く見受け

【図表29　ジョハリの窓】

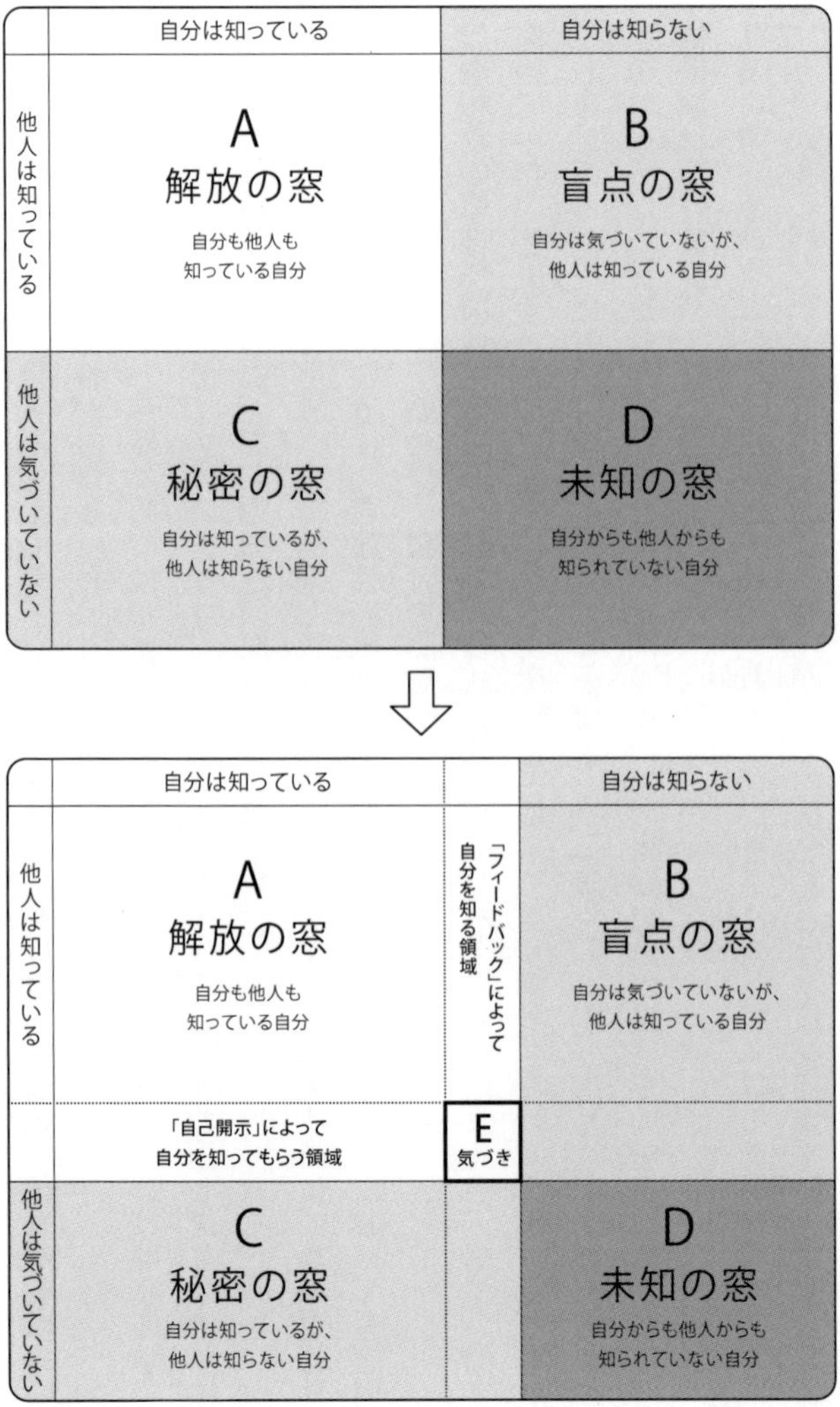

自分は知っている
自分は知らない
他人は知っている
他人は気づいていない
A
解放の窓
自分も他人も
知っている自分
B
盲点の窓
自分は気づいていないが、
他人は知っている自分
C
秘密の窓
自分は知っているが、
他人は知らない自分
D
未知の窓
自分からも他人からも
知られていない自分
自分は知っている
自分は知らない
他人は知っている
他人は気づいていない
A
解放の窓
自分も他人も
知っている自分
「フィードバック」によって
自分を知る領域
B
盲点の窓
自分は気づいていないが、
他人は知っている自分
「自己開示」によって
自分を知ってもらう領域
E
気づき
C
秘密の窓
自分は知っているが、
他人は知らない自分
D
未知の窓
自分からも他人からも
知られていない自分

られますが、その考え方や「手法ありき」では部下から本音や主体的行動に向かう発言を引き出すことはできません。

前提として上司部下間の信頼関係があり、かつ上司自身も自己開示し、部下の胸襟を開くようなコミュニケーションがベースにないと、１on１もただの時間のムダに終わってしまいます。まずは「細部のあり方」の1つとして、上司が積極的に自己開示することが重要なのです。

座る位置1つで心理が変わる

もう1つの細部は「そこまでするか」と言われるくらい細かいことなのですが、１on１で座る位置についてです（図表30）。

図のように、横並びは「協力」体制の雰囲気を出せるので、いっけんよい座り方に見えるのですが、信頼関係がないと距離感的に嫌がられるため注意が必要です。対面は「圧迫」を与えるので問題外。ベストは斜隣に座ることで「緩和」の雰囲気となり、心理的安全性の高い状態で面談することができます。

関連した内容で「スティンザー効果」という、アメリカの心理学者スティンザーが主に会議の中で見られる集団心理研究し、発見した原則があります。

それは、会議で複数の人が1つのテーブルに着く際、座る位置によって人に与える印象が変わる、という原則です。

【図表30　座り方の細かい所まで配慮】

横並び

「協力」

ただし信頼関係が高くないと
嫌がられる

対面

「圧迫」

上下関係がもろに影響し、
心理的安全性が低い

斜隣

「緩和」

心理的安全性が高く、
リラックスして話しやすい

**L字で座ることはもちろん、
部下（話し手）上司が右手に立つという細かい所まで配慮する**

その原則は３つあり、１つ目は「正面に座る人は反対意見であることが多い」という原則です。誰かと面と向かう姿勢は、その人に対して隙を見せにくいポジションなので、先述したように「圧迫」の印象があると言えます。

２つ目は、隣に座る人は物理的に視線が近くなるため、心理的にも気持ちが近くなりやすく、味方になってくれるポジションという原則。そして３つ目は、斜めに座る人は、正面でもなければ真横でもない、つまり「敵でも味方でもない」というニュートラルなポジションであるため、ストレスを与えにくく親しくなりやすいという原則です。

この「斜隣に座る」というのは一般的に広く知られていることなのですが、更に細部までこだわると、上司は部下の「右側」に座るようにする、ということです。

人間の心理の基になっているのは、体の構造からきている場合が多く、この場合も同様で人間は心臓のある左側に立たれると、左から攻撃されることを恐れ、無意識に「守り」の体制に入ってしまうのです。

弱点、急所とも言えるところが近くなる「左側」に居られると潜在的な圧迫感を感じ、身も心も防御態勢に入り、心を閉ざした状態になってしまうことで、心理的安全性の低い状態がつくられてしまいます。

「そんな大げさな」と思う方もいるかと思いますが、このような小さいことでも徹底し、積み重ねていくことで心理的安全性が向上し、将来の大きな成果を得ることができるのです。

社員が「自ら動く」ようになるための自己決定理論

「社員が指示待ちで自分から動こうとしない」多くの会社、そして多くのマネージャーの悩みではないでしょうか。社員が自ら動くようになるためには、根本的に本人自身の「内発的な動機づけ」が必要になってきます。

内発的動機づけは「やらされる」感ではなく、自分自身が「それをやりたい」という内側からあふれ出る意欲、その動機のことを指します。この内発的動機づけをいかにして醸成させていくかの考え方に「自己決定理論」があります。

自己決定理論とは、1985年にアメリカの心理学者であるエドワード・デシとリチャード・ライアン提唱した動機づけ理論であり「モチベーションが低くやる気もない状態」から「モチベーションが高くやる気に満ちあふれている状態」までのプロセスを6段階で示したものです（図表31）。

図の左、動機づけの「ない」状態、つまりやる気のない状態から右に移行するに連れてモチベーションが上がる、内発的動機づけがなされる、という見方です。

例えば左側の「外的調整」による「報酬や罰則」のため、という外発的動機づけの場合、その仕事をする決定をした理由が「自分」ではなく「外側」によるもののため、自己決定の割合が低いことから「しょうがなくやっている」というモチベーションです。

自分自身で「それをする、したい」と自己決定をした割合が高ければ高いほど、つまり右側に行

【図表31　自己決定理論と根幹を支える3つの基本欲求】

自己決定の6段階

動機づけ	無動機づけ	外発的動機づけ				内発的動機づけ
自己調整	なし	外的調整	取り入れ的調整	同一化的調整	総合的調整	内発的調整
行動の理由	やりたいと思わない	報酬や罰則のため	義務感のため	必要性があるから	目的や価値観と一致するから	やりがいや楽しさがあるから

低　　　　　　　　　　　　　　　　　　　　　　　　高

自己決定の度合

根幹を支える３つの基本欲求

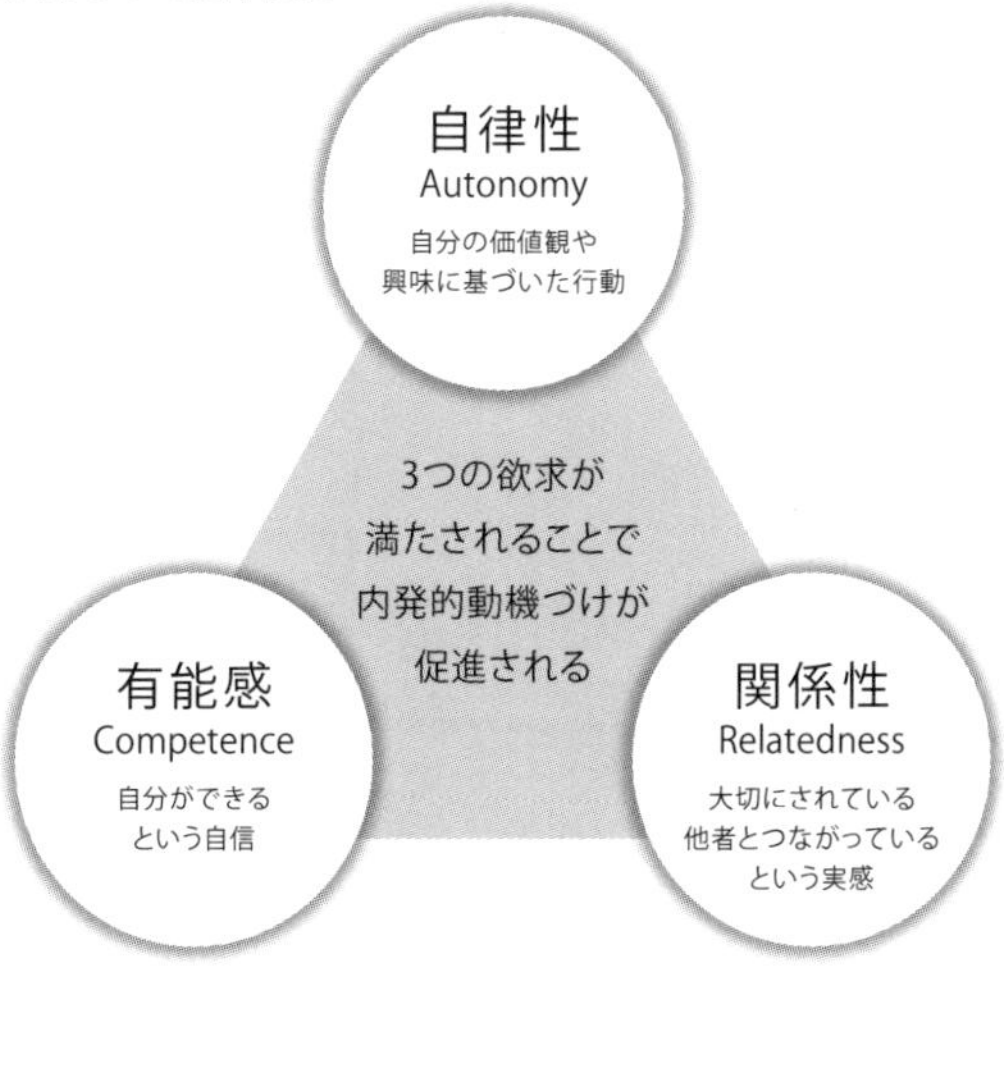

けば行くほど内発的動機づけがなされていき、モチベーション高くやる気に満ち溢れた状態になるのです。

そしてその根幹を支えるのが「自律性」「有能感」「関係性」の3つの基本欲求です。自律性に関しては、自分の価値観や興味・関心に基づいた行動ができている状態。有能感は「自分はやればできるんだ」という自信がある状態。そして関係性は大切にされている、他者と繋がっていると感じられている状態です。

これらの欲求が満たされている状態になることで、内発的動機づけが促進され、モチベーションを高くもって仕事ができます。それはつまり、社員が「自ら動き」「自ら成長」できる状態になるということです。

まずはこの3つの欲求を、上司が部下に対してどのように「支援」して満たしていき、そして内発的動機づけを醸成していくかをお伝えしていきます。

社員の「自律性」を高めるために

まずは1つ目の「自律性」からです。自律性は自分の価値観や興味のあるものに基づいた行動ができているかどうかの度合いです。

その自律性を高める前提としては、先述したように社員自身の「ビジョンリンク」「キャリア設計」といった形で、目指すべきものが明確になっていることです。

社員自身の夢や目標は社員の価値観や興味そのものにあたるので、明確に定まってさえいれば、その達成に向かって行動が促進されていきます。

それが前提であり、もう1つのポイントとしては「自分でそれを意思決定した」という積み重ねが必要であるということです。

自分でそれを意思決定した、というプロセスを踏むために上司が支援することは「コーチング」です。コーチングは「質問」「傾聴」「承認」という基本プロセスで、相手が自分で答えを見つけられる、意思決定できるように導く手法であり、日常的に上司が質の高いコーチングを行えれば、社員の自立性はおのずと高まってきます。

ただし、実際にコーチングを実施するにあたっては大きく2つの課題があります。1つはコーチングのスキル習熟です。

いっけん、コーチングの基本プロセスである「質問」「傾聴」「承認」はそれほど難しくない内容に見えますが、知識やスキルがない状態で「形だけ」実施しても効果がないどころか、逆効果になってしまうこともあります。

また、根本的にコーチングを行っていく上で、上司部下間における信頼関係がある程度なければ機能しません。信頼関係もない人からコーチングの特徴である「抽象的な質問」をされた社員は、能動的に回答を出そうと思えるでしょうか。

ですのでコーチングに本気で取り組もうと思ったら、マネージャー自身がコーチングのスキル習得へ向けた動きをする、または会社として管理職候補にはコーチングのスキル養成を行う、といった形で対応する必要があります。

コーチングとティーチングの使い分け

もう1つは、コーチングのスキルがあったとしてもコーチングはすべての社員に効くわけではない、ということです。コーチングの専門家が聞いたら「そんなことはない」と反論をいただきそうですが、現実的にはやはり効かない社員は存在します。

代表的なのは社会人経験が少ない若手、新卒社員です。コーチングは自身で答えを出してもらうことで行動を加速させる手法ですが、自分で答えを出すためには「知識・経験が一定量必要」なのです。

つまり社会人経験が少ない若手、新卒社員は自社の業界における知識や経験がないため、「答えを出したくても出せない」のです。

そのような社員の場合は無理にコーチングをして強引に選ばせる、というよりも「ティーチング」を優先して実施したほうがいいでしょう。業界経験や知識が浅い社員に関しては、まずティーチングを厚めに行うことで知識や経験を習得してもらい、知識や経験が徐々に高まっていくに連れてコーチングの導入割合を増やしていく、という形のほうが効果的です(図表32)。

誤解を恐れずに言えば、仕事の流れや全体像が見えていない社員の場合、それらがわかるように

【図表32　ティーチングとコーチングの使い分け】

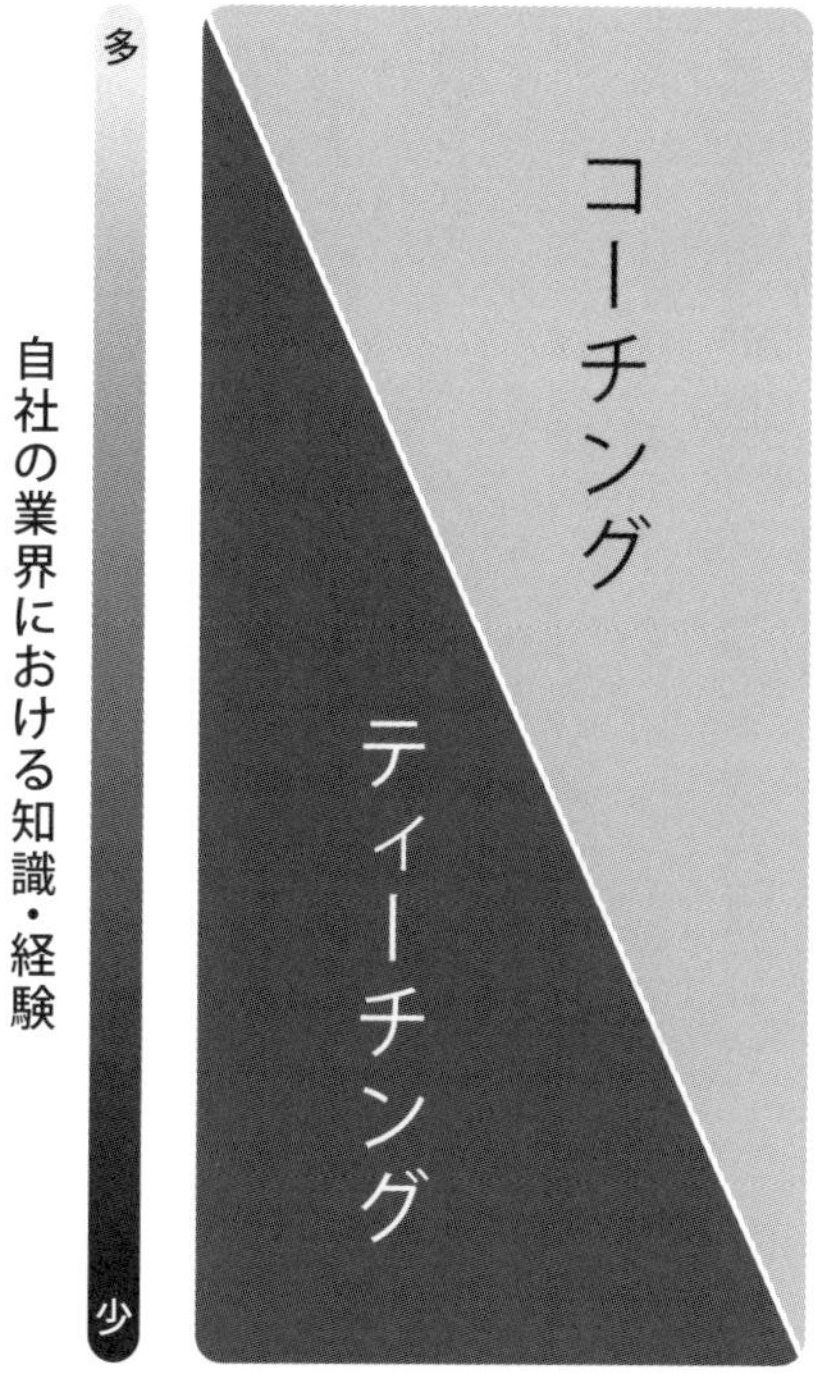

なるまでは「指示待ち社員」でＯＫなのです。

更にこれに関連する話をさせていただくと、社員から何らかの質問をされた上司が「自分で考えろ」と返すシーンを誰もが見たことがあると思います。上司としては「自分の頭で考えられるような社員になって欲しい」という親心で言っていると思いますが、この切り返しはＮＧになってしまう場合もあります。

特に若手や新卒社員は知識や経験がないため「自分で考えてもわからないから聞いて

いる」のです。それに対して「自分で考えろ」では何も進まず生産性のない時間が過ぎていくばかりです。

少なくとも「いったん自分ではどう考えたか教えてくれる?」と考えたプロセスを聞いた上で、その考えるプロセスが間違っていたら、正しい考え方をティーチングする必要があるのです。また、場合によっては妥当性の高い答えをすぐに教えていき、社員の知見を高めていったほうがよい場合も少なくありません。

このように、画一的な手法にこだわらず、社員のステータスや特性によってティーチング、コーチングを上手に使い分けることが上司としての正しい「支援」のあり方だと思います。

選択肢を与える

ただ、ティーチングばかりのマネジメントに偏ると「指示待ち社員」になってしまう可能性が高くなるため、自律性を養っていくためには知識や経験がない段階でも「自分で答えを出す」という自己決定の経験を積んでもらう必要があります。

その手法の1つとしては選択肢を与える、というマネジメントです。知識や経験が少ない社員に「0から考えさせる」ということは難しいですが、ただその中でも自己決定をしてもらうために、部下から何か質問をされた際に、すぐに1つの回答を出すのではなく「複数の選択肢を与えて、どの手法で実行するか選ばせる」のです(図表33)。

【図表33　ティーチングとコーチングの掛け合わせ】

ずっとティーチングでは「指示待ち」「やらされ感」に

とはいえ知識や経験がない社員へのコーチングも効果は低い

複数の手段を提示して相手に「選ばせる」

そのようにして相手から答えは与えてもらっている、という事実は変わらないものの、ただ言われたことを実行するのではなく「自分で選んだ」という体感を少しでも得ることができるので、自己決定の度合いが高まっていきます。

また、その選択肢を選んだ理由をしっかりと問い、社員に答えてもらいましょう。選んだ理由であれば社員にも考えることができ、考えることで社員自身の思考が整理されると同時に、「自分で意思決定した」という認識を強めることができます。

否定語ではなく肯定語でマネジメントする

アメリカのウェグナーという心理学者が1987年に「シロクマ実験」というものを行いました。この実験では、白くまの映像を3つのグループに見せた後、それぞれのグループに次のように伝えました。

グループA：「シロクマのことを覚えておいてください」
グループB：「シロクマのことを考えても考えなくてもいいです」
グループC：「シロクマのことだけは絶対に考えないでください」

これらを伝え、期間をおいて調査したところ、映像を鮮明に覚えていたのはグループCの人達だったという実験でした（図表34）。

これは「考えないでおこう」という意識が、逆に考えさせる状態を維持させてしまっている「シ

【図表34　脳は否定形を理解できない】

シロクマ実験

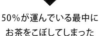

白くまの映像を3つのグループに見せた後に、
それぞれのグループに次のように伝える

グループ A	グループ B	グループ C
シロクマのことを覚えておいてください	シロクマのことを考えても考えなくてもいいです	シロクマのことだけは絶対に考えないでください

期間をおいて調査 … **映像を鮮明に覚えていたのはグループC**

→ **考えないでおこうという意識が、逆に考えさせる状態を維持させる**

否定語が及ぼす効果を検証した実験

数十組の親子に対して、
多めに入れたお茶が載ったお盆を子供に運んでもらう際、
母親には２パターンで声かけをしてもらう。

グループ A	グループ B
こぼさないように運んでね！	しっかり持って運んでね！
50%が運んでいる最中にお茶をこぼしてしまった	**80%がお茶をこぼさずに運べた**

→ **脳へのイメージのさせ方で成功確率が変わる**

肯定語のマネジメントが成功確率を上げる

ロクマ効果」と呼ばれる現象です。

シロクマ効果は「皮肉過程理論」や「感情抑制の逆説」とも呼ばれていて「シロクマを考えないようにしよう」と思うと、自分がシロクマのことを考えていないかどうかを頭の中でチェックするようになり、シロクマについてチェックするためには、常にシロクマについて意識しなくてはいけなくなり、結果的に記憶が定着されてしまう、という結果になってしまうことです。

このことから人の脳は「否定語を認識できない」のです。否定し、禁止することで逆にリバウンドが生まれてしまうのです。

このシロクマ効果に関連して、もう1つ、否定語が及ぼす効果を検証した実験についてご紹介します。

数十組の親子を集めて、多めに入れたお茶が載ったお盆を子どもに運んでもらい、その際、母親には2パターンで子どもに声掛けをしてもらう、という実験でした。

パターンA：「こぼさないように運んでね」

パターンB：「しっかり持って運んでね」

実験の結果は、パターンAの声掛けをされた子供は50％が運んでいる最中にお茶をこぼしてしまったのに対し、パターンBで声掛けをされた子供は80％がお茶をこぼさずに運べたのです。

この実験結果からわかることは「人は否定語を行動してしまう」ということです。先述した「人の脳は否定語を認識できない」からです。

パターンAの「こぼさないように運んでね」と声掛けをされた子どもの脳の中では、自分が「お茶をこぼすイメージを消去しよう」とするので、失敗する映像が脳に浮かぶのです。脳はそのイメージの残像だけでも十分に行動に移してしまいます。

逆にパターンBの「しっかり持って運んでね」と声掛けをされると「しっかりお盆を持っている自分の姿」をイメージできるので、失敗の確率が低下し、成功の確率を上げることができるのです。

この実験の結果を仕事に置き換えると、社員に何かを指示、指導する際も「ミスをしないように」「間違えないように」「遅れないように」という否定語でマネジメントをすると、シロクマ効果のように失敗が減らないどころか、ますます悪い結果が増えてしまう可能性が高くなるでしょう。

さきほどの実験でいう「こぼさないように運んでね」という否定語ではなく、なるべく「しっかり持って運んでね」のような肯定語、成功のイメージができるような言葉で置き換えて、例えば、「お客さんが納得するような完璧な仕上がりにしよう」であったり、「今週の18時までに完成させてね」のように肯定語を積極的に使用したマネジメントをすることがマネージャーとしての「支援」です。

否定語をなるべく使わず、肯定語を多く使う、ということは小さなことかもしれませんが、これらの積み重ねがチーム全体に対しての、そして社員を動かす、育てる立場であるマネージャーに対しての心理的安全性を高めるアウトプットにもなるのです。

教えられないときは「一緒に考える」

ティーチングは実行しやすいと言っても、部下の相談の種類によっては上司が答えをもっていないもの、つまり「教えたくても教えられないもの」が出てくる場合があります。

そのようなときは、当てずっぽうの回答をしたり、知ったかぶりをして誤魔化すようなことはせず、部下に対して素直に「それは自分にもわからない」と答え、その上で「ちょっと一緒に考えよう」と、部下と一緒に考えるという行動に移してみましょう。

例え答えが出なかったとしても、「わからない」と部下に対して上司が素直に言うことや、また「一緒に考える」という姿勢とそのプロセスが、当てずっぽうの回答や誤魔化すことより、よほど部下からの信頼を寄せていきます。

これらの考え方や手法を参考に、まずは1つ目の社員の「自律性」を高められるよう、マネージャーとして尽力していきましょう。

社員の「有能感」を高めるために

内発的動機づけを促進させる要素、2つ目の「有能感」は、社員自身が「自分はできる」と自信をもてる状態にすることです。逆に「自分はできそうにない」と自信がない、有能感が低い状態では、積極的かつモチベーションの高い行動は望めないでしょう。

有能感を高めるためのポイントは「褒める」ことと「小さな成功体験を積み重ねる」ことです。まず「褒める」ことについて、誰でも簡単にできることですが、単に褒めるだけではなく、正しく効果的な褒め方を知っていただきたいと思います。

エンハンシング効果をご存知でしょうか。発達心理学者のエリザベス・B・ハーロック氏が行った賞罰実験で9〜11歳の子供を3つのグループに分けて、出題や時間などの条件は同等、同じ教室内で算数のテストを5日間受けてもらい、前日に受けた答案用紙を子供に返すときの教師の言動だけを変えて、どのように反応が変わるかという実験です（図表35）。

Aグループの子どもには、どのような結果でも「できていた箇所を褒める」。Bグループの子どもにはどのような結果でも「できていない箇所を叱る」。Cグループの子どもにはどのような結果でも「何も言わない」とした結果、褒められ続けたAグループは約71％の生徒の成績が上昇したのに対し、何も言われなかったCグループは、2日目には約5％の生徒の成績が上昇したものの、その後ほとんど変化がなく、叱られ続けたBグループに至っては、2日目には約20％の生徒の成績が上昇したものの、その後は成績が次第に低下していった、という結果になったのです。Bグループの結果に見られる、叱られることで「ヤバい」と思い、行動が促されることで一時的に成績は上がるのですが、叱られ続けることで継続はせず、逆にやる気や成果が低下していくのは一般企業の社員でも多く見受けられるシーンではないでしょうか。

継続して褒められ続けることによって有能感が増し、さらに意欲が向上していき、成果を継続的

【図表35　エンハンシング効果】

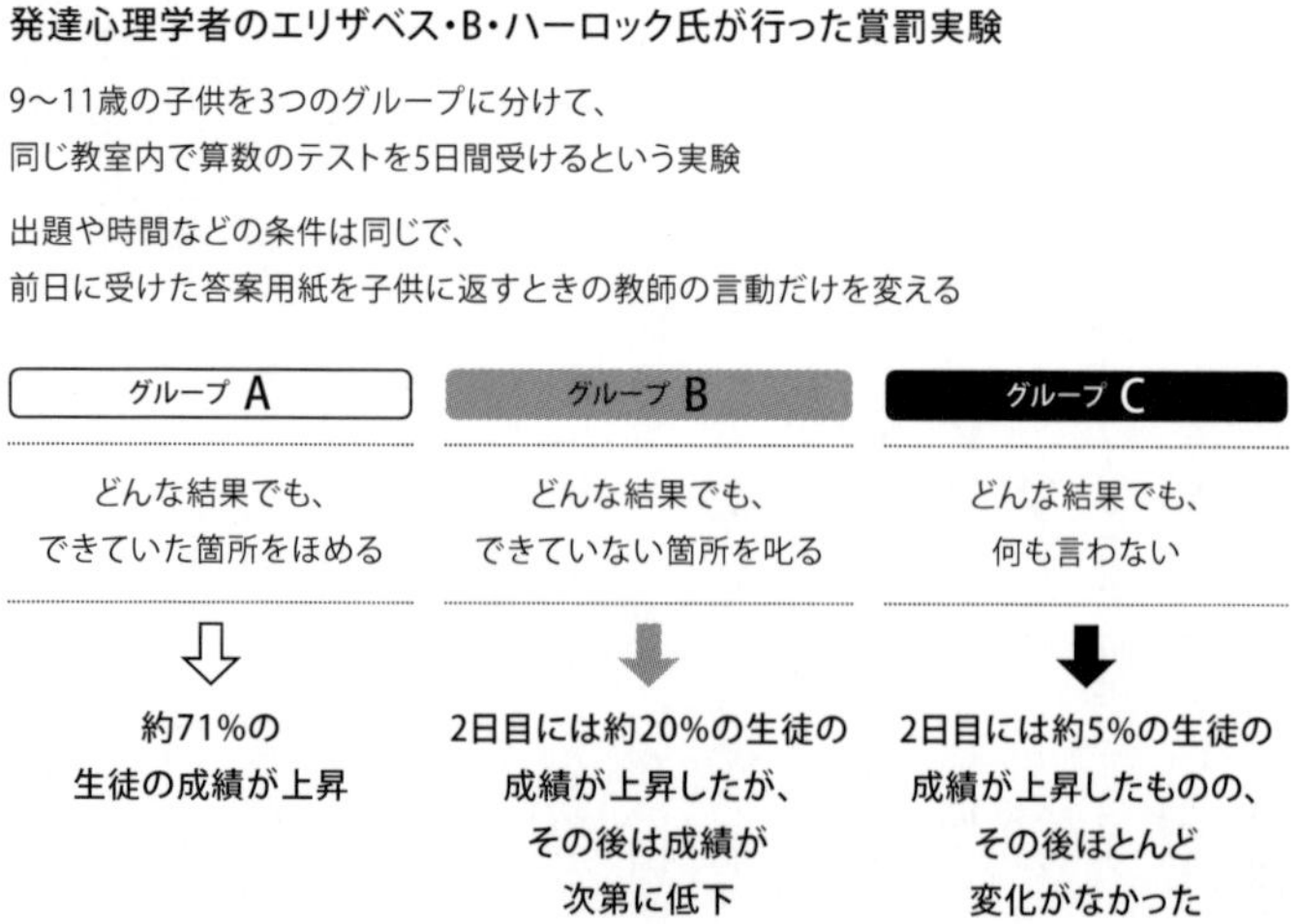

発達心理学者のエリザベス・B・ハーロック氏が行った賞罰実験
9〜11歳の子供を3つのグループに分けて、
同じ教室内で算数のテストを5日間受けるという実験
出題や時間などの条件は同じで、
前日に受けた答案用紙を子供に返すときの教師の言動だけを変える
グループ A
どんな結果でも、
できていた箇所をほめる
約71%の
生徒の成績が上昇
グループ B
どんな結果でも、
できていない箇所を叱る
2日目には約20%の生徒の
成績が上昇したが、
その後は成績が
次第に低下
グループ C
どんな結果でも、
何も言わない
2日目には約5%の生徒の
成績が上昇したものの、
その後ほとんど
変化がなかった

に出し続けることができる、という好循環を生むことができます。

褒め方によっては逆効果も

褒めることが有能感を高める１つ目のポイントですが、ただ褒めるにしても褒め方によっては逆効果になる場合もあります。先述したエンハンシング効果の実証実験をコロンビア大学のクラウディア・ミューラーとキャロル・デュエックが行いました。

10歳から12歳までの子どもたち約４００人を対象に知能テストを行い、そのテスト終了後、子どもたちには実際の成績を隠し、個別に「あなたの成績は１００点満点中80点」と全員に伝えます。伝える際に子どもたちを３つのグループに分け、グループごとに成績を伝えるコメントを変える、という心理実験です。

第一グループには「本当に頭がいいね」と才能を褒め、第二グループには「努力の甲斐があったね」と努力を褒め、第三グループには、何もコメントしませんでした。

そして、それらのコメントを伝えた後に、さらに2つの課題のうちから1つを選んでもらいました。課題1は、難易度が高いがやりがいのある課題。課題2は、簡単に解けるが学びの少ない課題です。

実験の結果は、「才能」を褒められた第1グループは約65％が課題2の「簡単な課題」を選び、何もコメントされなかった第三グループは約45％が課題2の「簡単な課題」を選びましたが、「努力」を褒められた第二グループでは約90％が課題1の「難易度が高いがやりがいのある課題」を選んだのです（図表36）。

この実証実験から、結果や才能を褒められると「賢く見られたい」という気持ちが生じて失敗を恐れ、安易な道を選ぶようになったり「才能があるから自分は頑張らなくてもできるはずだ」と考えて努力を怠ってしまう人間になる可能性がある一方、努力やプロセスを褒められると、より向上心や挑戦心が磨かれ、難題にチャレンジしたり積極性が高い人間に導ける可能性が高いということです。

つまり、人を褒めるときには単なる「結果」や「才能・能力」を褒めるのではなく、「努力」や「プロセス」を褒めることによって、能力や成果、内発的モチベーションをより高めることができるのです。

【図表36　エンハンシング効果②】

コロンビア大学のクラウディア・ミューラーとキャロル・デュエックによる心理実験

10歳から12歳までの子どもたち約400人を対象に知能テストを行い、
テスト終了後、実際の成績を隠し、
個別に「あなたの成績は100点満点中80点」と全員に伝える。
その際に子どもたちを3つのグループに分け、
グループごとに成績を伝える際のコメントを変える。

グループ A	グループ B	グループ C
「本当に頭がいいね」と才能を褒める	「努力の甲斐があったね」と努力を褒める	何もコメントしない

コメントを伝えた後に、さらに2つの課題のうちから1つを選んでもらう。

【課題1】難易度が高いが、やりがいのある課題 or 【課題2】簡単に解け、学びの少ない課題

グループ A	グループ B	グループ C
約65%が「簡単な課題」を選ぶ。	**約90%が「難しい課題」を選ぶ**	**約45%が「簡単な課題」を選ぶ。**

人を褒めるときには、「努力」や「プロセス」を褒めることによって、
能力や成果、内発的モチベーションがより高まる

金銭的報酬とモチベーションの相関

今お伝えしたように、人を褒めること自体が精神的、心理的な「報酬」になるのですが、では仕事上の報酬としてわかりやすい「金銭的報酬」は内発的動機づけとどのように関連するのか、アンダーマイニング効果という例でお伝えしていきます。

アンダーマイニング効果は心理学者のエドワード・L・デシと、マーク・R・レッパーが１９７１年に行った実験で明らかになった心理現象です。

１つの目の実験は「ソマパズル」という当時流行っていたパズルゲームで行ったもので、まず大学生をAとBの２つのグループに分け、両グループにパズルを解いてもらった後に、一方のグループにはパズルが解ける度に報酬を与え、もう一方には報酬を与えない、としました。

そして一通りそのサイクルを回した後に、今度は両グループにパズルを解いてもらっても、どちらのグループにも報酬は与えない、というサイクルに転じました。

その結果、最初のサイクルから報酬がなかったグループAはソマパズルに触れる時間に変化はなかったのですが、最初のサイクルで報酬を得ていたグループBは報酬がなくなるサイクルになってからはソマパズルに触れる時間が減少したのです（図表37）。

同じような形でもう1つの実験は「お絵描き実験」です。絵を描くのが好きな幼稚園児たちを、3つのグループに分け、Aグループには「絵を描いたらご褒美をあげる」と約束し、実際にご褒美

【図表37　アンダーマイニング効果】

ソマパズルの実験

大学生をAとBの2つのグループに分け、

第1セッション：両グループにパズルを解いてもらう

第2セッション：一方のグループにはパズルが解ける度に報酬を与え、
もう一方には報酬を与えない

第3セッション：両グループにパズルを解いてもらい、どちらにも報酬は与えない

グループ A	グループ B
最初から報酬のなかった	報酬を得た
↓	↓
ソマパズルに触れる時間に変化はなし	**ソマパズルに触れる時間が減少**

お絵描き実験

絵を描くのが幼稚園児たちを、3つのグループに分けて実験

グループ A	グループ B	グループ C
「絵を描いたらご褒美をあげる」と約束し、実際にご褒美を与える	約束はしないが、描いたらご褒美を与える	約束もせず、ご褒美も与えない
↓	↓	↓
自発的に絵を描く時間が短くなった	**自発的に絵を描く時間が短くなることはなかった**	

報酬を受け取るとモチベーションが低下する

を与え、Bグループには約束はしないが、描いたらご褒美を与え、Cグループには約束もせず、ご褒美も与えない、としました。

その結果、B・Cグループの子どもたちはその実験以降も自発的に絵を描く時間が短くなることはなかったのですが、Aグループの子どもたちは自発的に絵を描く時間が短くなったのです。

これら2つの実験から、報酬を得ていたグループは報酬を得たのがきっかけで「ソマパズル・お絵描き＝報酬を得る手段」に置き換わったため、報酬がなくなった途端にモチベーションが低下した、という心理結果が導き出されたのです。

金銭的報酬はわかりやすい形の報酬ではありますが、短期的はともかく長期的な内発的動機づけには向いていないと言えるでしょう。

関連するものとして、心理学者リチャード・ドシャームが提唱している「自己原因性」という概念があります。

この概念は「人は自分で自分の行動を決めていると知覚しているときには『内発的』に動機づけられるが、他者から統制されていると知覚しているときには『外発的』に動機づけられる」というものです。

自己決定理論と同様、実験の結果はこれらの概念を表現したそのものの現象であると言えるでしょう。仕事は報酬を得る手段の1つではありますが、モチベーションの継続という意味では逆効果になることがあるのです。

一概に金銭的報酬がモチベーションを下げるものではない

ここまでいくつかの観点で内発的動機づけの事例をお伝えしましたが、金銭的報酬が必ずモチベーションを下げてしまう、というわけではありません。

その例は「ろうそくの問題」です。もともとはゲシュタルト心理学者であるカール・ドゥンカーによって考案された「問題解決能力を測定」するための認知能力テストの1つでした（図表38）。

図表38のように「ろうそく」「マッチ」「小箱に入った画びょう」を渡され、この3つのみを使用してどのようにして「コルクボードの壁にロウソクを固定し、点火させるか」という問題です。

図表38には答えを記載しているので簡単な問題に見えますが、実際の実験では「画びょうに入った小箱を壁に固定させる」という発想がなかなか出てこず、正解するまでの時間がかなりかかったということです。

しかし、これが「ろうそく」「マッチ」「小箱」「画びょう」という形で、小箱と画びょうを別にして渡すと、正解するまでのスピードが圧倒的に早くなった、という結果を生みました。

この実験では、画鋲が箱に入っていると、「箱は画鋲の入れ物」という固定観念が生まれ、箱を利用しようとするアイデアが出にくくなる、という「機能的固着」と呼ばれるもので、「先行する経験が問題の解決を妨げてしまう」固定観念を多くの人が持っていることを証明した実験です。

この実験を、後に科学者のグラックスバーグが応用したものがここの本題です。問題は全く同じ

【図表38　ろうそくの問題】

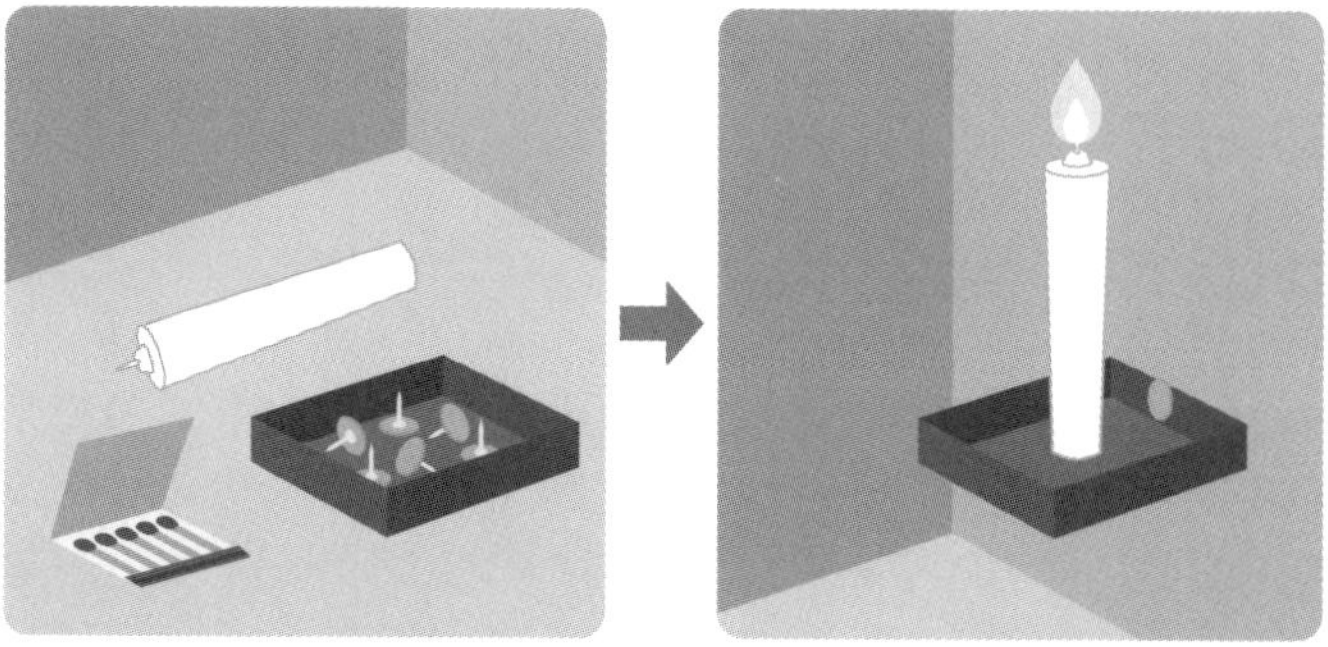

参加者を２つのグループに分け、

グループ A	グループ B
「どれぐらいの早さで解くことができるか時間の計測をしたい」ということを告げられる	早く解けた上位25％の参加者は5ドルをもらうことができ、その中で1位になった参加者は20ドルをもらうことができると告げられる

⇩

時間の計測を目的として伝えられたAグループのほうが、
報酬を提示されたBグループよりも平均で3分30秒短く問題を解くことができた。

報酬を受け取るとモチベーションが低下する

内容の上で、参加者を2つのグループに分け、Aグループには「どれぐらいの早さで解くことができるか時間の計測をしたい」ということを伝え、Bグループには、早く解けた上位25%の参加者は5ドルをもらうことができ、その中で1位になった参加者は20ドルをもらうことができる、と伝えました。

その結果、「時間の計測」を目的として伝えられたAグループのほうが、「報酬」を提示されたBグループよりも「平均で3分30秒短く」問題を解くことができたのです。

これは純粋な「時間の計測」というゲームそのものよりも、報酬がチラついたことで「熟考が必要な問題や作業」に対して思考が鈍り、能率を下げる「逆効果」のものであるという仮説が立った結果になったのです。

ただ、これには追加の実験がありました。「時間の計測」と「報酬」の2グループに分けたのは同じなのですが、問題の提示を先述した「ろうそく」「マッチ」「小箱」「画びょう」という形で、小箱と画びょうを別にして渡し、難易度を下げたのです。

その結果は「報酬」を提示されたグループのほうが「時間の計測」を目的として伝えられたグループよりも「断然早く」正解できたのです。

このことから、金銭的報酬が一概に思考を鈍らせたりモチベーションを下げるのではなく、それほど「思考」を必要としない単純作業のようなものが対象の場合は、生産性やモチベーションが上がる、とも言えるということです。

先述したホーソン実験では「賃金等の向上による生産性の確かな相関関係はなかった」とされていますが、詳細では「賃金の改善によってはじめは能率向上が見られたが、元に戻しても能率向上は変わらなかった」という結果になっています。

つまり、単純作業であれば金銭的報酬が「瞬間的」には生産性やモチベーションを上げる「着火剤」になる可能性はあるため、そのような職種やタイミングなどを考慮しながら有効に金銭的報酬を活用することも一考かと思います。

動機づけ要因

ここまで「自ら動ける社員」になるための有能感を高めるために、金銭的な報酬よりも「精神的・心理的報酬」である「褒める」ことをしていく、その中で褒め方の内容や考え方をいくつかの事例でお伝えしてきました。

その上で、有能感を上げるもう１つのポイント「小さな成功体験を積み重ねる」についてお伝えしていきます。

内発的動機づけに関連した理論で「ハーズバーグの二要因理論」があります（図表39）。この理論はアメリカの臨床心理学者、フレデリック・ハーズバーグが提唱した「職務満足および職務不満足を引き起こす要因」に関する理論で、人間の仕事における満足度は、ある特定の要因が満たされると「満足度」が上がりますが、不足すると満足度が下がるということではなく「満足」に関わる

【図表39　ハーズバーグの二要因理論】

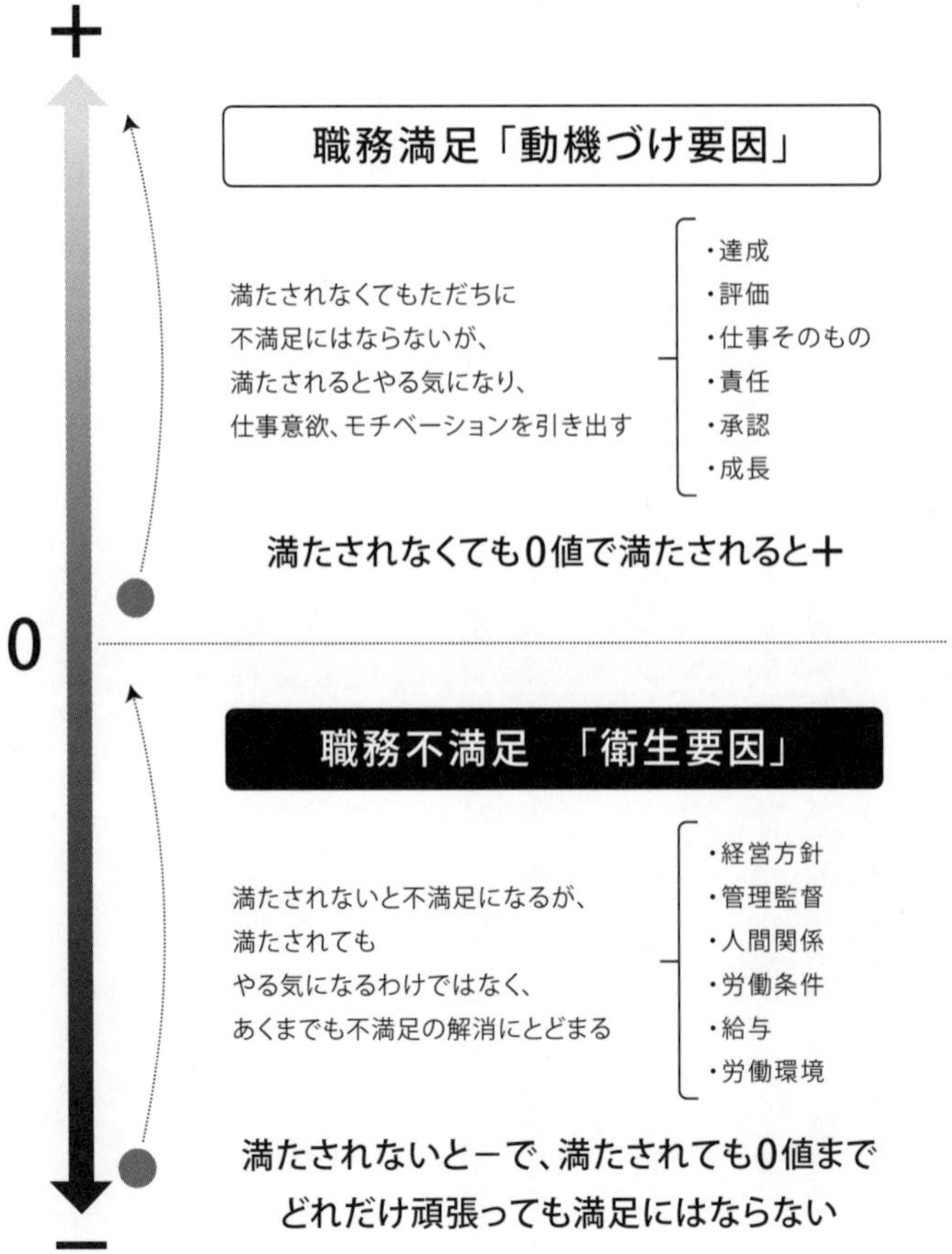
＋
職務満足「動機づけ要因」
満たされなくてもただちに
不満足にはならないが、
満たされるとやる気になり、
仕事意欲、モチベーションを引き出す
・達成
・評価
・仕事そのもの
・責任
・承認
・成長
満たされなくても0値で満たされると＋
0
職務不満足　「衛生要因」
満たされないと不満足になるが、
満たされても
やる気になるわけではなく、
あくまでも不満足の解消にとどまる
・経営方針
・管理監督
・人間関係
・労働条件
・給与
・労働環境
満たされないと－で、満たされても0値まで
どれだけ頑張っても満足にはならない
－

要因と「不満足」に関わる要因は別のものである、という考え方です。

人間が仕事に不満を感じるときのその人の関心は「自分たちの作業環境」に向いているのに対し、人間が仕事に満足を感じるときのその人の関心は「仕事そのもの」に向いており、ハーズバーグは前者の不満足に関わる要因を「衛生要因」、後者の満足に関わる要因を「動機づけ要因」と定義しました。

衛生要因は人間の環境に関するものであり「仕事の不満を予防する働き」を持つものであるのに対して、動機づけ要因はより高い業績へと「人々を動機づけるもの」として作用している、としています。

この理論のポイントとしては、動機づけ要因は「満たされなくてもすぐに不満足にはならないが、満たされるとやる気になる」ものですが、衛生要因は「満たされてもやる気になるわけではなく、あくまでも不満足の解消に留まる」ということです。

図に私の二要因理論のイメージを載せていますが、０値が真ん中にあったとして、職務満足である達成や仕事そのもの、責任や成長などは「満たされなくても０値のままであり、満たされるとプラスになる」のに対して、職務不満足である給与や労働環境、労働条件は「満たされなくてもプラスにはならず、どれだけ頑張っても０値までで満足にならない」のです。

様々なデータ等でもお伝えしたように、給与や労働環境が不満足であれば「退職理由」の筆頭になる要因ですが、ある程度解消すれば「満足」にはならないけど、とりあえず「不満がないから働き続ける」という選択をする社員も多いのでしょう。

しかし、それら衛生要因が解消されるだけでは満足、つまり「動機づけ」にはならないので、そのような「衛生要因に不満がないから働いている」という社員が「自ら動く」かというと、その割合は少ないのではないでしょうか。

不満足になりうるこれらの要因は「社員定着」という意味では一定の効果を発揮しますが、「自ら動き、自ら成長する」という社員を生み出すためには、職務満足である「動機づけ要因」を醸成させる必要があるのです。

「仕事へのモチベーション」のいくつかのデータでは、一部「給与が上がったとき」など衛生要因の理由もありますが、ほとんどが「感謝（承認）」「仕事そのもの」「達成」「成長」など動機づけ要因であることが見て取れます（図表40）。

衛生要因ではなく動機づけ要因でマネジメント

これらのことから、いかにして「動機づけ要因」で社員をマネジメントするかが「自ら動き」「自ら成長する」社員へと導くポイントになりますが、最も動機づけすべきなのは「仕事そのもの」に対してです。

私自身もそうですが、特に自身で起業した創業経営者は「仕事そのもの」に動機づけされている人が多いと思います。仕事そのものに動機づけがある人材は、当然ながら「自ら動き」「自ら成長」

【図表40　仕事へのモチベーション】

仕事のモチベーションが高まるのはどんなときですか？ n=206

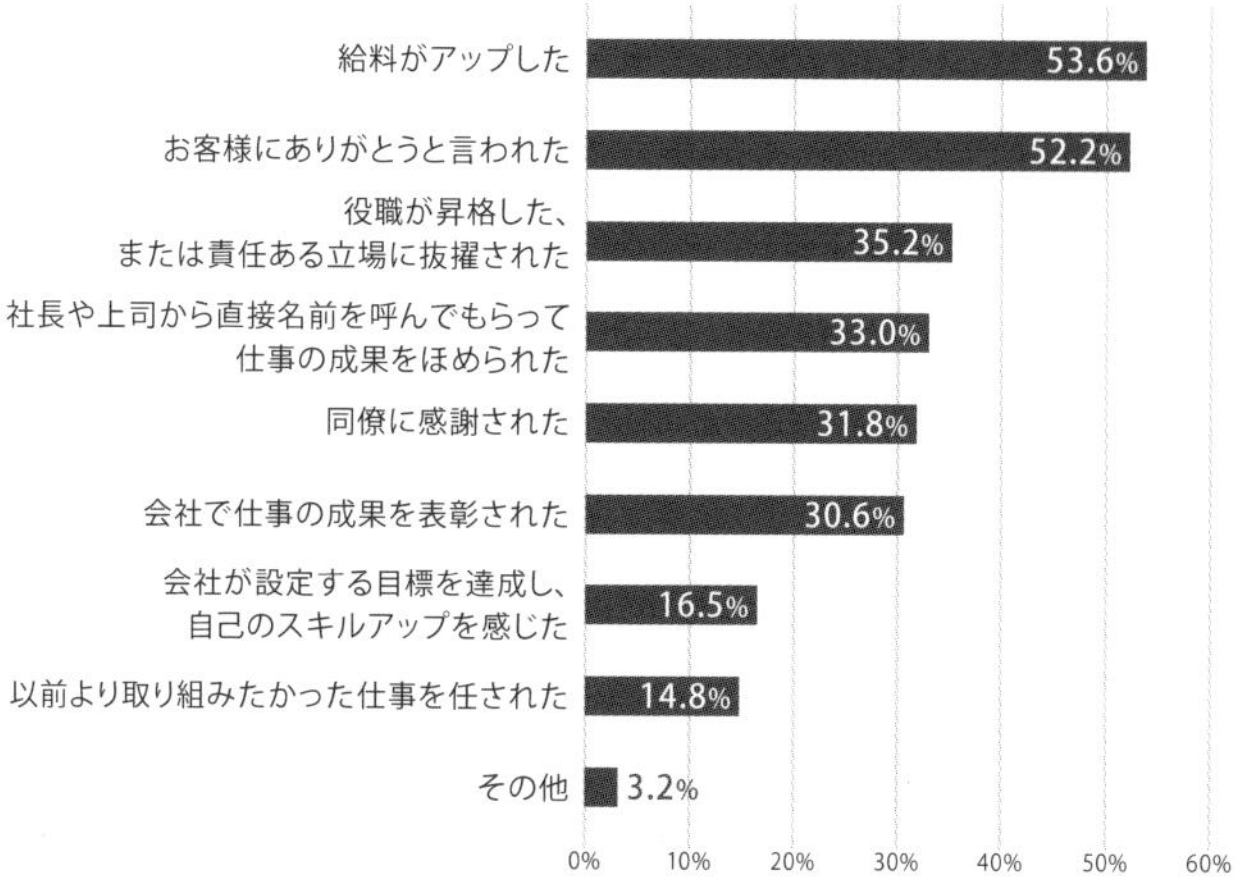

［出典］カオナビ

仕事において、やりがいを感じることを教えてください。（複数回答可）

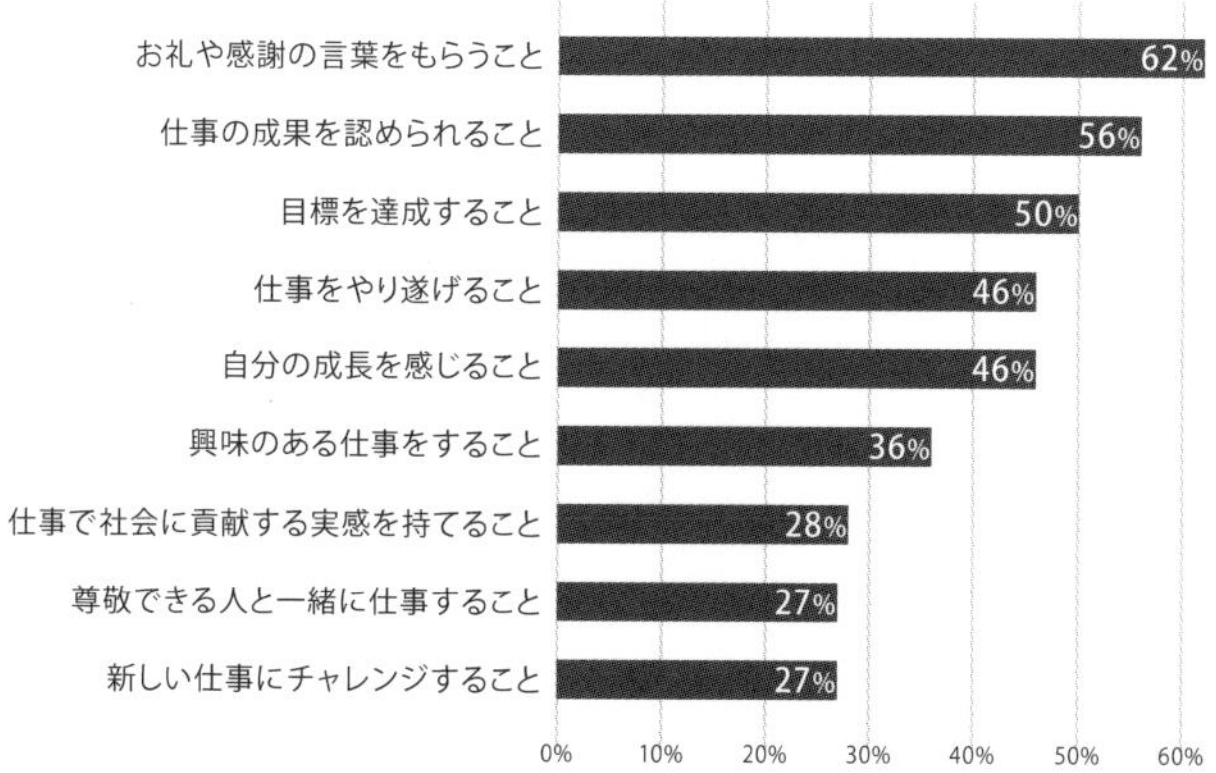

［出典］エン・ジャパン株式会社

します。

この「仕事そのもの」で内発的動機づけを行うために、当社でサイクル化した図が「挑戦」↓「スキルアップ」↓「達成」↓「承認」の動機づけサイクルです。

図をご覧いただければわかるように、すべて動機づけ要因の項目であり、サイクルのスタートとして、まずはどのような仕事でも「高品質なアウトプット」が求められます。例えば製造系であれば「精度が高い」「素早い」、管理系であれば「ミスなく」など、高品質のあり方は職種によって異なるものの、どのような人材でも会社に求められるのは「高品質なアウトプット」という表現でまとめられるでしょう。

高品質なアウトプットを出すためには「技能を上げる」つまりスキルアップが欠かせません。技能を上げることに尽力することで高品質なアウトプットが出せるようになってきます。

高品質なアウトプットを出せるようになると、それが顧客に感謝されたり、上司に褒められたりされるように「承認」されます。その承認が内発的動機づけの促進となり、より難易度の高い仕事へ「挑戦」するようになります。

難易度が高いということは、高品質なアウトプットを出すために更に技能を上げるしかありません。そのようにして更なるスキルアップをし、高品質なアウトプット↓承認↓挑戦、というサイクルを回し続けることで「仕事そのものによる内発的動機づけ」が徐々に醸成されていく、という考え方です（図表41）。

【図表41　仕事そのものへの動機づけサイクル】

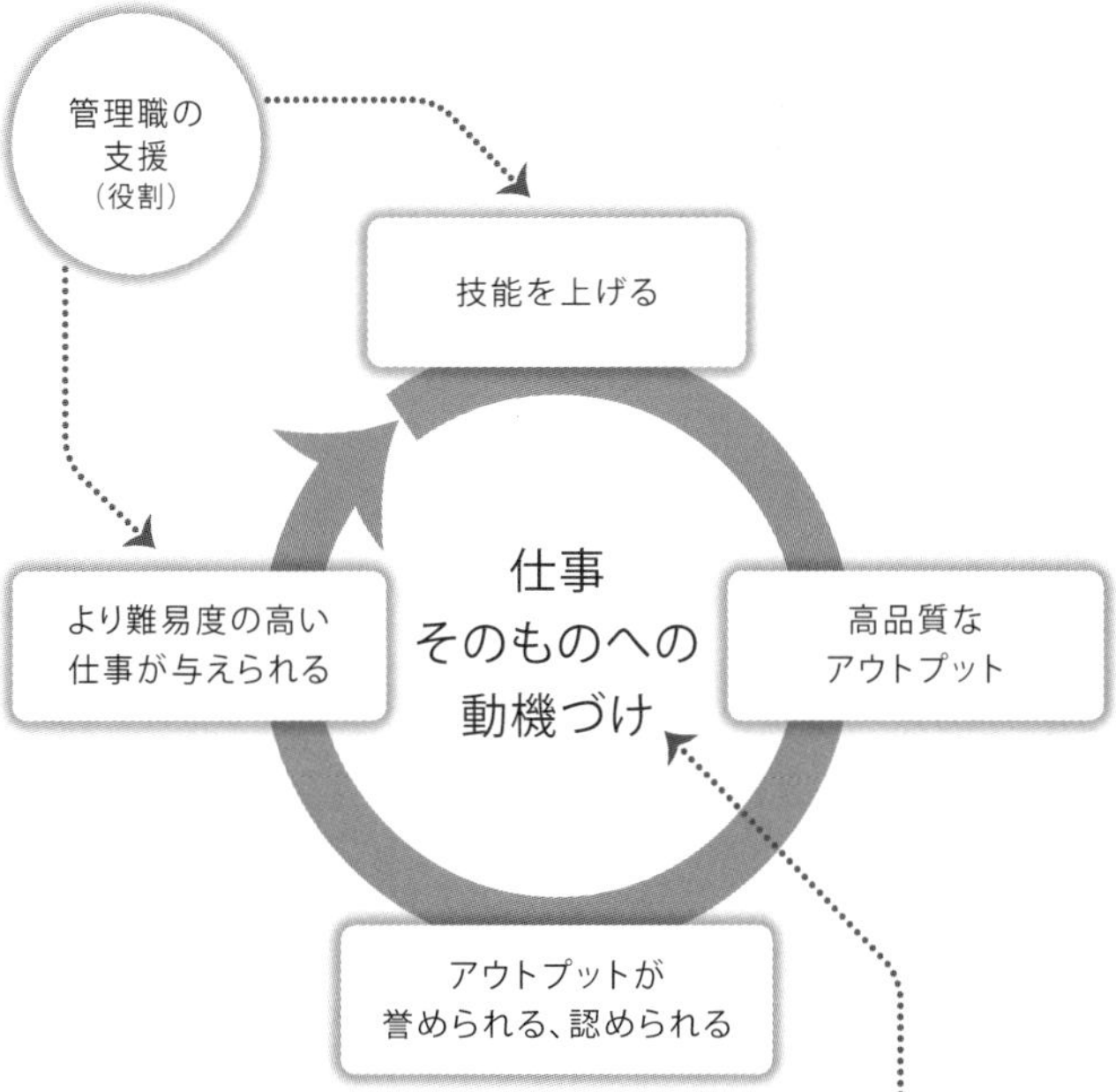

自己決定の6段階

動機付け	無動機づけ	外発的動機づけ				内発的動機づけ
自己調整	なし	外的調整	取り入れ的調整	同一化的調整	総合的調整	内発的調整
行動の理由	やりたいと思わない	報酬や罰則のため	義務感のため	必要性があるから	目的や価値観と一致するから	やりがいや楽しさがあるから

低　←→　高

自己決定の度合

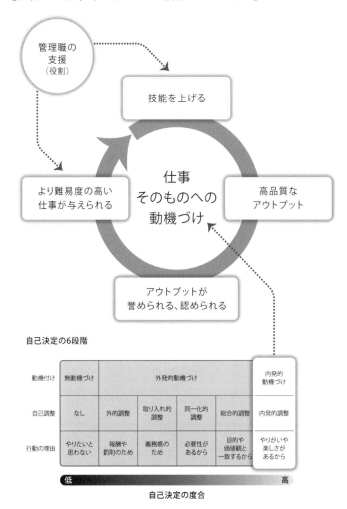

このサイクルによって先述した「自己決定理論」でいう、一番右側の「やりがいや楽しさがあるか」という内的調整による動機づけがされた状態へと向かっていきます。

「挑戦」と「スキルアップ」が管理職の支援

このサイクルを生み出すための管理職の「支援」こそが「挑戦」と「スキルアップ」の部分です。先述した有能感を上げるもう1つのポイント「小さな成功体験を積み重ねる」はここが重要となります。

まずは「挑戦」です。どのような難易度の仕事を与えるかは部下自身ではなく、管理職が決定していくことがほとんどでしょう。その中で「適切な難易度」の仕事を適切なタイミングで与えられることこそが、管理職に必要なスキルであり部下への「支援」なのです。

この「適切な難易度」に関連したものが「フロー理論」です（図表42）。「フロー状態」というものを、特にスポーツをやられていた方は聞いたことがあるかもしれませんが、フロー状態はハンガリー出身の心理学者であるミハイ・チクセントミハイ氏が提唱した概念で、人がある活動に没頭し、全身全霊で集中し、時間を忘れて没入する状態を指します。

「やりがいのある仕事をしているとき」はもちろん、身近では「読書をしているとき」「ゲームに没頭しているとき」など、時間が経つのを忘れるほど集中した経験は誰しも一度はあると思います。「いつの間にか時間が経っていた」という感覚がフロー状態です。

【図表42　フロー理論】

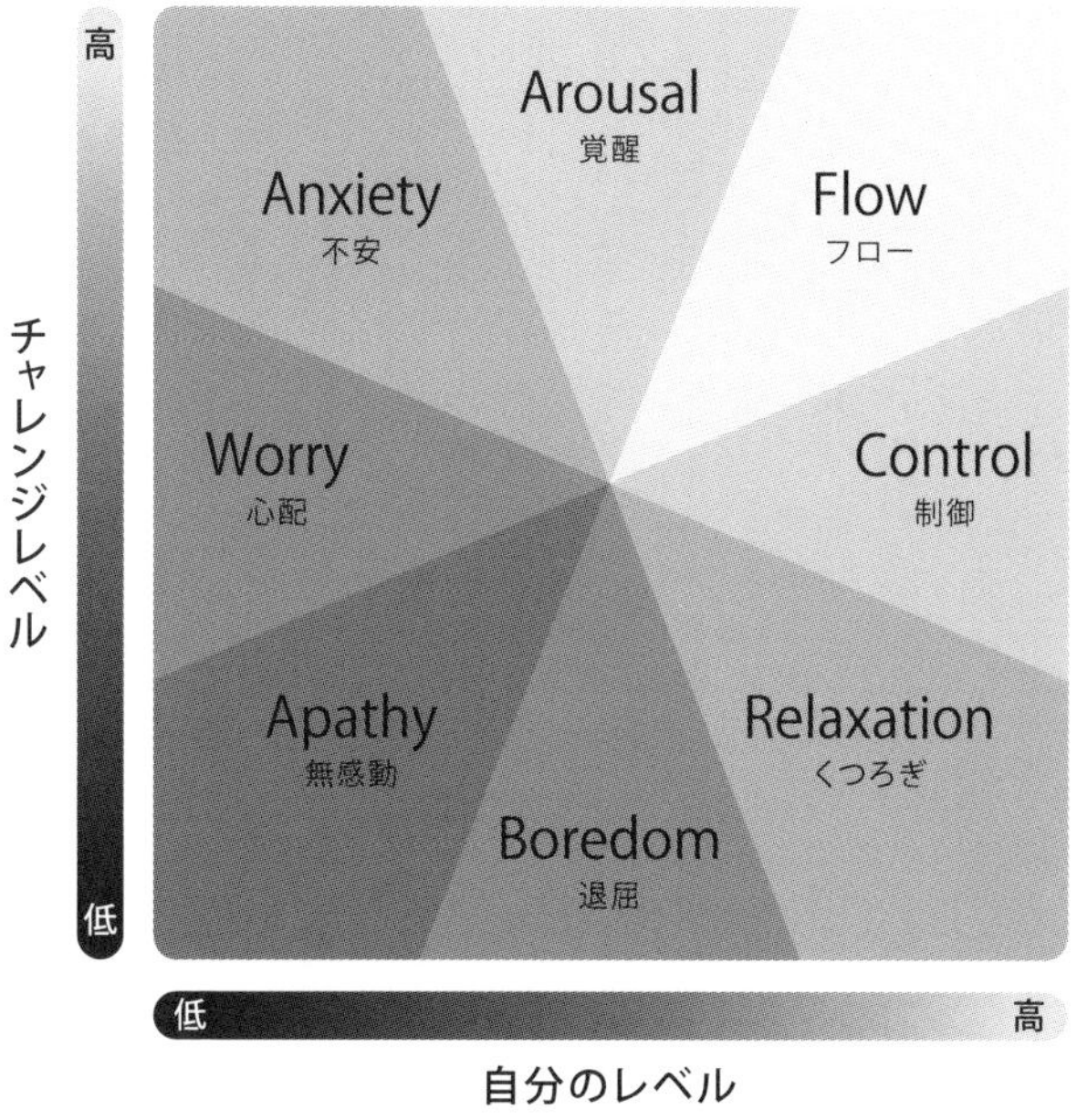

自身のレベルとチャレンジのレベルのバランスがとれているときに
「フロー状態」になれる

フロー状態は、今行っていること以外、例えば「空腹」「疲労」「感情」「時間感覚」など、すべて忘れてしまうような領域に入る「完全に集中した状態」のため、他のことが全く気にならなくなることで高いパフォーマンスを発揮できる状態とされています。

このフロー状態の特徴として注目すべきポイントは、「その活動自体で得られる結果や報酬よりも、活動そのものが楽しいと感じ、充実感や満足感が得られる」ことです。

図表42の縦軸はチャレンジレベル、横軸は自分のレベルを示し、自分のレベルに対してチャレンジレベルが高いタスクを与えられた左上の場合は「不安」の状態になり、チャレンジレベルが中程度であれば、「心配」の状態となる。そのような見方となります。

自信のない仕事は「不安」や「心配」「プレッシャー」などに精神が支配されてしまい、高いパフォーマンスが発揮できない、という状態は想像しやすいでしょう。

逆に自分のレベルに対し、チャレンジレベルが低いタスクを与えられた右下の場合、タスクに対するやりがいを感じられず「リラックス」や「退屈」という、自分の能力を持て余している精神状態になってしまい、この状態が続くとモチベーションの低下に繋がっていきます。

この理論で最も好ましいとされている精神状態は、チャレンジレベルとスキルレベルのバランスが高い状態でとれている右上の「フロー」です。同じような意味合いでスポーツの世界では「ゾーン状態」という表現を使う場合も多いです。

初めはチャレンジレベルが高く、スキルレベルが低い「不安」な状態でも、タスクに取り組むうちにスキルレベルが上がり、「フロー」へと変化する場合がある、という考え方もあり、これこそが先述した「仕事そのもの」に対して動機づけをするサイクルに近いものだと言えます。

ただ、更に言えば精神状態が「フロー」だったにもかかわらず、徐々にスキルレベルが上がることで「難易度」が低下し、徐々に精神状態が「リラックス」へと変化するケースもあるため、フロー状態に長く入るためには、タスクのチャレンジレベルを「適切に」上げ続けていくことが重要であると言えるでしょう。

その「適切な難易度」に関連して参考になるものがミシガン大学助教授の心理学者、ジョン・ウィリアム・アトキンソンが提唱した「達成動機づけモデル」で、目標達成のモチベーションには「成功確率50パーセントが一番いい」という実験結果を出しています（図表43）。

成功するか失敗するか、半々くらいのチャレンジレベルを設定することが内発的動機づけを上げるために1番よい、ということです。

これらは総じて「目標設定スキル」です。目標設定スキルと言えば最も関連してくるのは「人事評価」であり、こちらも管理職の役割にはなりますが、仕事による内発的動機づけサイクルも同様、この目標設定スキルが管理職には必要なのです。

スキルアップで差をつける3割の要素

もう1つ、管理職の「支援」として必要なものが社員の「スキルアップ」です。社員のスキルアッ

【図表43　目標設定スキル】

ミシガン大学助教授の心理学者、
ジョン・ウィリアム・アトキンソン が提唱した達成動機づけモデル

目標達成のモチベーションには、
成功確率50パーセントが一番いいということが実験結果で出ています

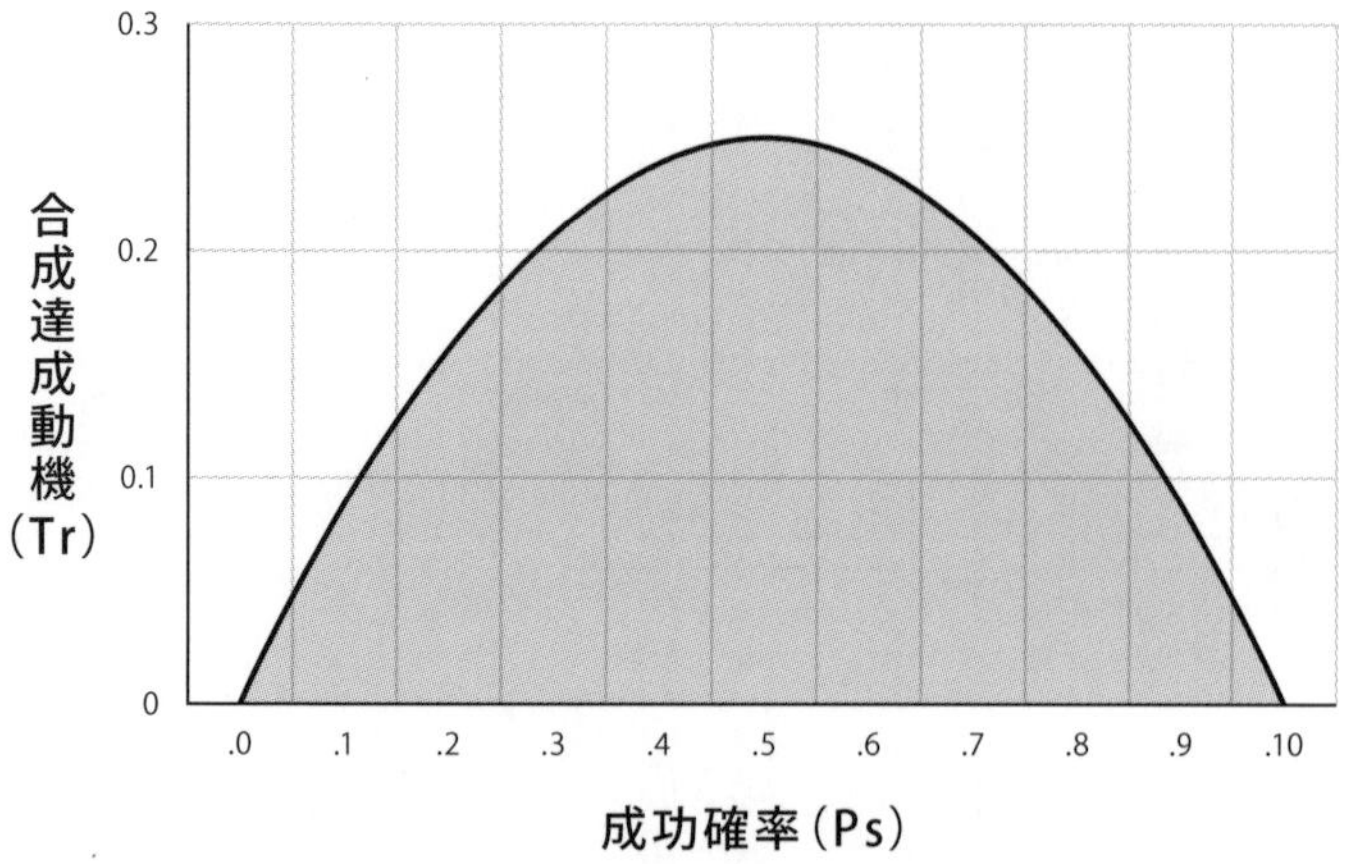

プには「マニュアル化」「研修」など、管理職のみならず会社単位での取り組みが必要となってきます。

スキルアップに関連したものとして、アメリカのロミンガー社が調査した「成人における学習に影響を与えた要素」では、70%がその人の「仕事経験」によるもので、20%は「人の観察やアドバイス」、残り10%は「能力開発に関連する研修や読書」という結果が出ています。

これは毎日仕事をしていれば学習要素の7割を占める「仕事経験」によって誰もが成長できますが、仕事以外の残り3割で

「成長に差がつく」とも言えるのではないでしょうか。

１割の要素ではありますが、自身のスキルアップを図るための読書や研修などのインプットはもちろん、２割の要素でもある「他者の観察、他者からのフィードバック」も成長する上では重要なものだと言えます。

特に「他者の観察」はできているようでできていない人が多く見受けられます。私自身もその重要性は認識しており、私は学生時代に部活でバスケットボールをやっていたのですが、監督からは地区や県で同じポジションの上手いプレイヤーのプレイを「ずっと見ていろ」と言われました。

他者をよく観察し、特に自分より上手なプレイヤーを見て、すべて吸収しようと注視し、真似できそうなものはすぐに自身のプレイに取り入れていました。

また、私はポイントカードというポジションでしたが、コート上で他のプレイヤーに指示出しをする役割なので、他の上手なポイントカードのプレイを見ると「なぜこの場面でこのプレイを選択したか」という意図、思考の部分まで勉強になったものです。

これは仕事においても全く同じではないでしょうか。自分自身で考え、試行錯誤することも重要なのですが、自分より成果を出している、自分にはないもの、やっていないことをやっている人を観察し、すぐに取り入れることは、成長のスピード感を上げるにおいては非常に有効です。

私が最初（最後でもありますが）に入社した会社の代表は、元リクルートでトップセールスの方でしたので、平成前半のリクルート時代の話をよくお聞きし、印象に残った話が多くありますが、その1つに当時のリクルートでは、全く面識がなくても大型受注をした先輩社員に若手社員が内線や飛び込みでアポイントとって、その大型受注をした経緯やノウハウを聞きに行く、という慣習があったそうです。

現代でいう「情報共有」という意味では「非効率」と言えるかもしれませんが、私としてはメリットだらけだと感じていて、なぜかというと、まず1つは大型受注をするような「デキる先輩社員」は基本的に忙しいため、社内の人間であろうと、しかも後輩の若手社員が「時間をもらえる」ということは難しいと思います。

そのような状況の中でも「アポイントをとる」という執着心とアポトークスキル、また人間関係構築能力など、そのプロセスの中で様々な能力を養うことができます。

もう1点は「自身で積極的に情報を取りに行く」という人材と文化を醸成させることができる、ということです。先ほど「情報共有という意味では非効率」という言い方をしましたが、現代ではあまりにも情報共有が「簡易化」されているため、社内のよい情報は「勝手に入ってくるもの」という「軽さ」になっています。

多くの会社を見て思うのは、情報共有の簡易化がなされている会社ほど、社員にその情報の重要性が伝わっていないように感じます。わかりやすいのは、社内の成功事例がメール等で流れてきても、もはや社員の多くは「見ていない」のです。

この文化が醸成されてしまうと、成長のための情報共有が全く効果を得ないどころか、成長を阻害する要因にもなりかねません。

いずれにしても他者のよい部分を積極的に取り入れる、という姿勢や文化は「自ら動き」「自ら成長」する社員を育てるには重要なことではないでしょうか。

若手社員には1割の「インプット」が最も優先順位が高い

学習の影響の要素の１割である「能力開発における研修や読書」ですが、個人的にはこの１割の差が特に若手社員の成長のスピードを大きく分けるものだと思いますし、最もやるべき優先順位の高い取り組みだと思います。

特に読書に関しては、世の中の成功している人々の知見を低価格で仕入れることできる費用対効果の高いものです。

若手社員の場合、相対的にビジネスにおける知識や経験が低いため、自分自身で得た経験のみで勝負する、ということも大事だと思いますが、先ほどの２割の「他者の観察」と同様、できている人の知見を取り入れたほうが圧倒的に成長スピードが速くなるのは間違いありません。

知的商材・サービスを扱っている仕事や職種に従事している人であれば、知識充足は必須どころか「義務」レベルです。

これも私が最初に入社したコンサルティング会社の事例になりますが、入社時の新入社員研修で当時の取締役から言われた言葉が今でも印象に残り、私自身も様々な会社の新入社員研修で引用させてもらっています。

どのような内容かというと「我々はコンサルティング会社で扱っているサービスはコンサルティングです。コンサルティングというサービスは知的サービスであり、その知的サービスというものは主に2つ『経験』と『知識』によってアウトプットされ、顧客に提供されます。皆さんは社会人『経験』がほぼない新卒社員です。そのような『経験』がない人がコンサルティングできますか？ できませんよね。顧客も納得してくれませんし、我々もそのような社員を顧客に出すことはできません。であれば顧客に対峙できるようになる『経験』を積むまで時間をかけますか？ そんなに待っている時間はないですよね？ 皆さんは『3年で1人で生きていける力をつける』という当社の採用キャッチコピーに共感して入社してきたのですから、ちんたらこの会社で経験を積むなんて待っていられないはずです。では皆さんがやるべきことは何ですか？ そうです。『知識』をつけることです。『経験』は仕事ができる時間、顧客が会ってくれる時間、という時間に制限がありますが、知識をつける時間は制限がありません。まずは知識があればいったんサポートでも顧客の前には出せます。だから仕事上で『経験』を積む以外のすべての時間を『知識』充足の時間に充ててください」

一語一句まで正確には合っていないと思いますが、当時言われたことはこのようなことでした。そしてその言葉の後に取締役から「寝ないでいいから今月中にこれ全部読んでね」と、ドラッカーやコトラーなどコンサルタントに必要な「基礎」となる古典本を課題図書として30冊渡されたのは今でも忘れられません。

この私の事例は少し極端かもしれませんが、社会人のスタートの段階でこのようなインプットの重要性を認識させられたこと、結果的に読書等によるインプットがいまだに習慣化され、それが曲がりなりにも私がコンサルタントとして１人立ちできている一因になっていると言えます。

もちろん積極的に知識充足しようとせずとも、日常の仕事をしている中で付随して知識は充足されますので、成功するために仕事以外でのインプットは絶対に必要、とは言えないかもしれませんが、時間の制約がある「経験」とは別に、この１割のインプットは年齢を重ねるたびに「差」になっていくのは明白なので、若手社員にも、そして管理職自身にも実業務以外では最も優先順位が高い行動ではないでしょうか。

スキルを「見える化」する

小さな成功体験を積み重ねて「仕事そのもの」への内発的動機づけをしていく上で推奨しているのが「スキルの見える化」です。よく「スキルマップ」や「力量表」等と言われるもので、各社員が備えているスキルを可視化するのです（図表44）。

このようなものを作成している会社もあると思いますが、ポイントはこれらを日常的にマネジメントで使用し、内発的動機づけを高めていくツールにするということです。

まず、ぜひ実行していただきたいのが「ＧＲＩＴリスト」です。ＧＲＩＴは多くの方がご存知のように「やり抜く力」です。毎日社員に「ＧＲＩＴリスト」つまり毎日「やり抜いたこと」を振り

【図表44　小さな進捗をスキルの見える化で実感】

スキルマップ例（製造業）

中分類	能力の細目	到達水準	関連資格等	ABC分類	氏名	氏名	氏名	氏名
					15	10	8	7
					98%	70%	37%	50%
NC旋盤	作業者スキル率＝［（1+2+3+4）/5］×100（%）				80	60	60	80
	・NCプログラムを作成することができる	NC旋盤による加工ができること	NC旋盤2級		●	●	●	●
	・シミュレーションソフトによりプログラムをチェックすることができる				●	×	×	●
	・ドライランによりプログラムをチェックし加工することができる				●	●	●	●
	・加工後に寸法精度や形状精度等を評価することができる				●	●	●	●
マシニングセンタ	作業者スキル率＝［（1+2+3+4）/10］×100（%）				90	10	0	82
	・NCプログラムを作成することができる	マシニングセンタによる加工ができること	NCフライス盤2級 マシニングセンタ2級		●	×	×	○
	・シミュレーションソフトによりプログラムをチェックすることができる				●	×	×	○
	・ドライランによりプログラムをチェックし加工することができる				●	×	×	●
	・加工後に寸法精度や形状精度等を評価することができる				●	×	×	●
	・上記項目を小型３軸MCで作業できる				●	×	×	●
	・上記項目を小型５軸MCで作業できる				●	×	×	●
	・上記項目を中型３軸MCで作業できる				●	×	×	●
	・上記項目を中型５軸MCで作業できる				●	×	×	●
	・複合加工機で作業できる				●	●	×	●

スキルマップ例（整骨院）

no.	業務工程	作業名	作業詳細	店舗A			
				院長	スタッフ	スタッフ	受付
				氏名	氏名	氏名	氏名
4	施術	オペレーション	待合状況、予約状況、施術状況等を考えて的確にオペレーションできる	4	2	2	2
		物療	各種物理療法についての効果と禁忌について説明できる	4	2	3	2
			所定の部分に低周波及び各種器具を安全適切に使用、付け外しできる	4	3	4	3
		手技	手技についての効果を説明できる	4	3	3	1
			安全な施術ができる	4	4	4	1
			各患部に適切な刺激を入れられる	4	4	4	1
			決められた時間内に施術を完結できる	4	3	4	1
		鍼	鍼治療の効果、リスクについて説明理解できる	4	4	4	1
			安全な鍼治療が行える	4	4	4	1
			狙った部分に正確に刺鍼できる	4	4	4	1
			所定の時間内に施術ができる	4	4	4	1
		矯正	矯正の効果、禁忌及び身体の歪みを正確に把握、説明できる	4	4	4	1
			ブロックを的確にセットできる	4	4	4	1
			骨格矯正を安全に正確に行える	4	1	1	1
			各種矯正治療を時間内に行うことができる	4	4	4	1

自分自身がどれくらい成長しているのか、進捗しているのかを
見える化して実感させる

返り、リスト化してもらうのです。日報という形で同じようなアウトプットを習慣化している会社も多いと思いますが、そのＧＲＩＴリストをもとに、最低でも毎週１回、できれば毎日、上司部下間でスキルマップを基に進捗面談を実施していきます。

ｔｏｄｏリストを活用している会社、社員も多いと思うのですが、心理的マネジメントの考え方の１つで「社員はｔｏｄｏリストを見てもやる気は出ないどころかげんなりする。やったことリストを見ると自分の成果が見えるのでやる気が出る」というものがあります。

これと同様、ＧＲＩＴリストで自身のやり抜いたことを振り返り、先述したスキルマップで都度、「今週○○さんは○○のスキルが○点になったね」とフィードバックすることで、自分に日々備わり、積み重なっていくスキルが見える化されていくので、「次はこのスキルを高めていこう」と内発的動機づけが高まっていきます。

これは先ほども言ったように、半期に１回などという長期サイクルではなく、週に１回や毎日など細かいサイクルで実施するからこそ意味があります。ゲーム好きな人がゲームに没入する理由の大きな１つに、進捗が計測でき、達成が記録され、それらがタイムリーに目に見えるから、と言われています。その心理と同様、自身の仕事やスキルの進捗が計測でき、達成が記録されてタイムリーに見える化することで内発的動機づけを高めていくのです。

週に１回など細かいサイクルでは、それらの進捗は小さいものかもしれませんが、その小さな進捗、「小さな成功体験の積み重ね」を社員自身が「認識」することが有能感を上げるにおいて重要

【図表45　若手社員の成長実感理由】

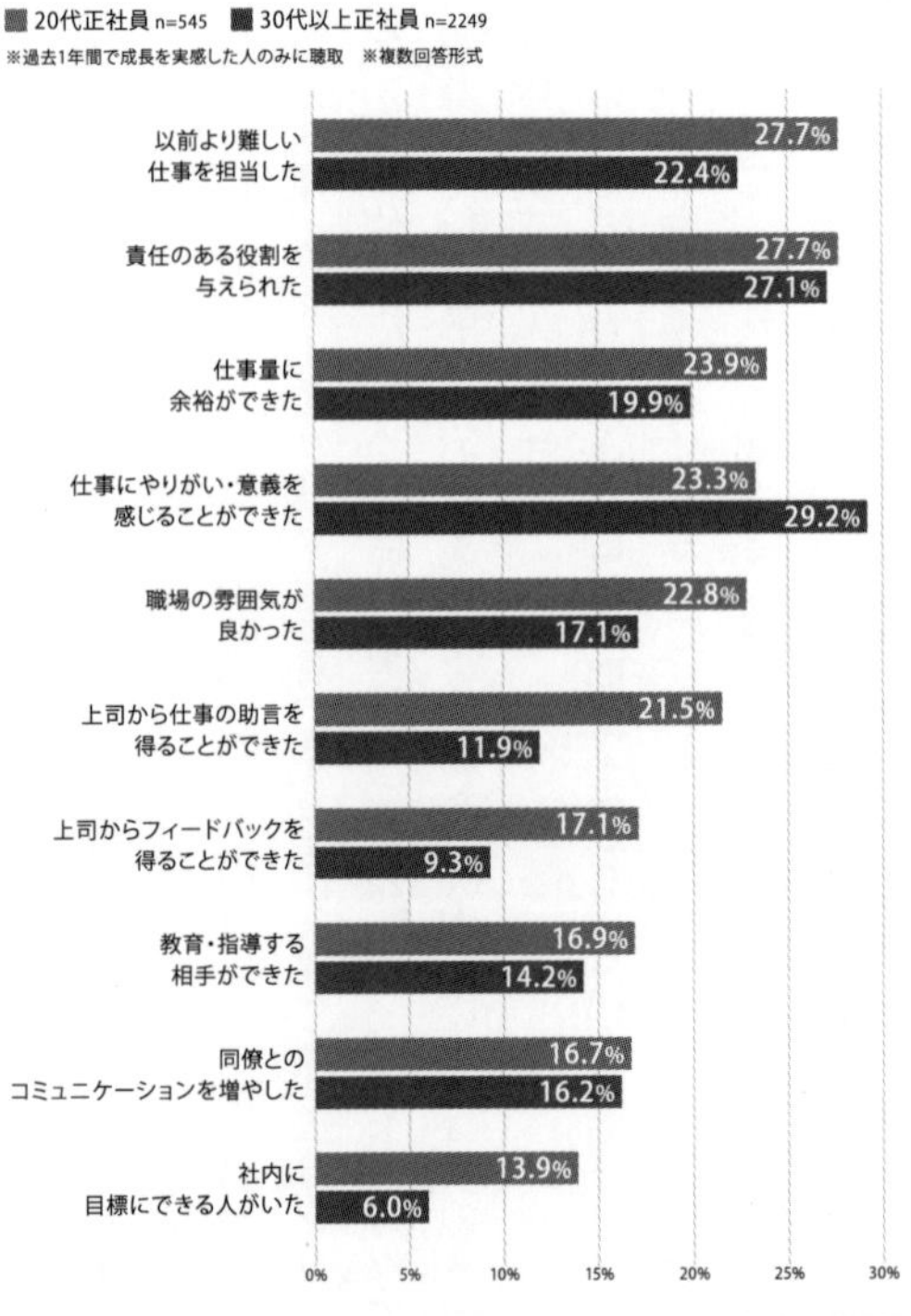

［出典］パーソル総合研究所

なことなのです。

これに関連するデータとして、パーソル総合研究所が20代・30代のビジネスパーソン向けに調査した「自分が成長を実感した理由」において、上位項目が「以前より難しい仕事を担当した」や「責任のある役割を与えられた」「仕事にやりがい・意義を感じることができた」という結果があります（図表45）。

これら「挑戦」つまり目標設定と「スキルアップ」つまり小さな成功体験を上司が支援することで、「仕事そのものへの内発的動機づけ」という最高の動機づけを促していきましょう。

セルフ・エフィカシーを生む

小さな成功体験の積み重ねはセルフ・エフィカシーを高めていきます。エフィカシーは効果や有効性という意味であり、セルフ・エフィカシーは心理学者のアルバート・バンデューラにより提唱された心理学用語で、日本語では「自己効力感」と訳されることが多いです。

わかりやすく表現すると「できる気がする」という気持ちです。セルフ・エフィカシーが低い人は「自分はこれくらいしかできない」という気持ちで仕事に取り組むため、新しいことへの挑戦をためらったり、成長意欲を自分自身で阻害してしまい、自分で自分のできる枠を狭くしているため「できない理由」を探してしまう、など高いパフォーマンスを出せない傾向にあります。

いわゆる「指示待ち社員」や「言われたことしかやらない社員」になってしまうのも、このセルフ・エフィカシーが低いことも一因ではないかと思います。逆にセルフ・エフィカシーが高ければ「もっとできる気がする」という気持ちで仕事に臨むため、新しいことへの挑戦や成長に対して積極的になり、パフォーマンスも高い状態を継続することができます。

セルフ・エフィカシーの高め方はいくつかありますが、その中には「達成経験の積み重ね」「褒められる・自分で自分を褒める」という高め方があります。

これまでお伝えした「有能感」を高めると同様、「小さな成功体験を積み重ねる」「褒める」ことで「セルフ・エフィカシー」を高め、「自ら動き」「自ら成長」する社員へと、会社が、そして管理職が導いていきましょう。

社員の「関係性」を高める

内発的動機づけを促進させる要素、３つ目の「関係性」は、大切にされている、他者とつながっているという実感です。

これは前半で詳細を説明した「心理的安全性」そのもので、その説明の中で特に人間関係の重要性は認識されたと思うのですが、実際、株式会社ビズヒッツの「仕事のやる気が出ないときに関する意識調査」でも「仕事のやる気が出ないとき、出るとき」それぞれに人間関係は上位にあるなど、関係性はモチベーションを大きく左右します（図表46）。

仕事上における適切な人間関係、これを心理的安全性に則してお伝えすると、図表19でもあったように「自分の意見を躊躇なく言える」「必要であれば否定的な意見も発言する」「チームの問題を建設的に議論する」という状態であることです。

よく心理的安全性の勘違いとして「何でも言える環境・雰囲気」とありますが、これには注意が必要です。

確かにそのようなニュアンスはあるのですが、「何でも言っていい」という表現にしてしまうと、特に一般社員の発言が「個人の願望」や「部分最適」の発言になってしまう可能性が非常に高いの

【図表46　やる気が出ない要素と出る環境・条件】

20代の500人

仕事のやる気が出ないとき
（複数回答）n=500

1位	体調が悪い	100人
2位	仕事がうまく進まない	81人
3位	やりたくない仕事をしている	76人
4位	怒られた	62人
5位	人間関係に問題がある	60人
6位	忙しすぎる	60人
7位	評価されない	60人
8位	休み明け	29人
9位	暇すぎる	23人
10位	周りがサボっている	22人

仕事のやる気が出る環境や条件
（複数回答）n=500

1位	人間関係が良い	184人
2位	満足できる収入	127人
3位	忙しすぎない	70人
4位	快適なオフィス	60人
5位	評価される	54人
6位	好きな仕事内容	47人
7位	柔軟な勤務が可能	26人
8位	裁量がある	21人
9位	忙しい	17人
10位	スキルアップできる	15人

30代の500人

仕事のやる気が出ないとき
（複数回答）n=472

1位	寝不足や体調不良	73人
2位	残業が多い／忙しい／休みがない	66人
3位	人間関係に問題がある	65人
4位	頑張りが評価されない	38人
5位	失敗した／怒られた	35人
6位	給料が少ない	28人
7位	やりたくない仕事／大変な仕事	27人
8位	理不尽なことがあった	26人
9位	プライベートで嫌なことがあった	25人
10位	サボっている人を見たとき	23人
同10位	仕事が思うように進まない／成果が出ない	23人

仕事のやる気が出る環境や条件
（複数回答）n=500

1位	人間関係が良い	125人
2位	仕事に見合った給料／給料が高い	99人
3位	評価される	88人
4位	休みが取れる／残業が少ない	44人
5位	集中できる環境	35人
6位	社員の士気が高い	34人
7位	リモートワーク	22人
8位	快適なオフィス	21人
9位	期待される／褒められる	20人
10位	意見を聞いてもらえる	16人
同10位	仕事に意義がある	16人

［出典］株式会社ビズヒッツ「仕事のやる気が出ないときに関する意識調査」

です。それらの発言は決して「建設的」な議論ではなく、個人の欲望や思いのぶつけ合いであり、非生産的です。

適切な心理的安全性の高い状態では、「会社全体によい影響を与えるために」を枕詞にして、全体最適で発言するよう認識を統一することで、間違った関係性、心理的安全性に進まないよう、注意をしましょう。

建設的な議論ができる関係性になるために

個人の欲望や部分最適の議論は企業にとって「枝葉」の話でしかなく、往々にしてそのような議論はレベルや生産性が低くなりがちですが、全体最適を考えた議論は「根幹」の話であり、建設的でレベルも生産性が高いことがほとんどであるため、このような議論がデフォルトでできるようになると、社員個人としても会社全体としてもレベルが上がっていきます。

建設的な議論を行うにあたってポイントの1つになるのが「メンバー同士の発言量のバランス」です。多くの会社の会議では図表17にもある「ポジションパワー」が発揮され、組織格づけ上における上位社員の発言量がどうしても多くなりがちです。発言量が偏ると建設的な議論にはなりにくいため、いかにして議論に参加しているメンバーの発言量をバランスのよいものにしていくかが必要になります。

発言量のバランスをとるために、最もわかりやすいのは司会進行者が発言量を見ながら番手を回していくことですが、その場合、司会進行者の感覚と腕によって左右されてしまいますので、再現性を高めるために仕組み化することを推奨しています。

１つの参考にしていただきたいのが、会議の際は常に付箋を使用することです。会議で何らかのテーマが出た際、自由に「意見のある人」とすると発言量が偏ります。また順番に発言していっても、自分より前の人の意見に引っ張られてしまう傾向も出てしまうため、テーマに対して発言前に1人ずつ付箋に自分の意見を書き、その全員が書いた内容を発表したり貼り出したりすることで、他人の意見に影響されてない意見を全員分出すことができます。

そのような発言量のバランスをとれる仕組みをつくり、建設的な議論ができる関係性を高めていきましょう。

強いチームの特徴・弱いチームの特徴

心理的安全性にも関連しますが、関係性を高めるということは決して「仲良しこよし集団」をつくることではありません。

心理的安全性の高さを会社全体、組織・チーム、そして上司部下間において効果的に機能させるためには、片方で「レベルの高い仕事の基準」を求める必要があります。心理的安全性がいくら高くても、その職場において求める仕事の基準レベルが低ければ、品質の低いアウトプットを出しても「まあいいよ、大丈夫、大丈夫」というようなコミュニケーションレベルの、いわゆる「ヌルい職場」の雰囲気が出来上がってしまいます。

このような職場では社員1人ひとりの充実感もありませんし、会社としても個人としても成果を出せるような、成長できるような環境にはなり得ません。先述した図表42の「フロー理論」でいう下のゾーン「くつろぎ」「退屈」「無感動」という状態とも言え、モチベーションが下がってしまう領域です。

そうではなく「心理的安全性の高さ」と「求める仕事の基準の高さ」を両立させることで、「研鑽し合い、成長し合う職場」をつくり出すことが重要です。関係性は仲良しクラブで深まるものではなく、それぞれが切磋琢磨し、ときには健全な衝突をもって深めていくものです。

図表21でも記載している、Google の Project Aristotle で「効果的なチームを可能とする条件は何か」の調査結果として、5つの因子が導き出されました。

その1つが心理的安全性で、これが1番重要であるとされています。ここでお伝えしたいのは2番目に重要だとされている「相互信頼」です。

相互信頼とは「チームのメンバーが仕事を高いクオリティで時間内に仕上げてくれると、チームメンバーそれぞれが感じている」状態です。つまり「この仕事はあの人に任せておけば大丈夫だ」と、全員が全員に対して感じている状態です。まさにプロフェッショナル集団というイメージでしょう。

これに関連したことで、皆さんにとって「強いチームの特徴」と逆に「弱いチームの特徴」は何か、定めているものはあるでしょうか。

私の中では明確にあり、弱いチームの特徴は、合言葉が「みんなで助け合おう」になっているチームです。これは私の学生時代のバスケットボールの経験を通じて思ったことでもあり、また、それは社会人になり多くの企業やチームを見てきても同じことが言えます。

誤解いただきたくないのは、「助け合う」という行動自体が悪いわけではなく、むしろ組織として成果を出すためには必要なことだと思います。ここでお伝えしたいのは「助け合うことが前提になっている」という、チームのあり方のことです。

助けなければいけない対象がいるチームは、その対象に対してレベルを合わせて、つまりレベルを下げてワークしなければいけないため、結果、「下」にあわせることがチーム全体の弱体化に繋がっていきます。

バスケットボールにも仕事にもどちらにも言えることですが、チームとして成果を出すことは共通しています。そのためにはときに助け合うことも必要ですが、根本的にはチームの１人ひとりが個人の技術を上げ、自分の役割と責任を全うし、高いレベルでのアウトプットを出し合う、という形でないと成果は出ないのです。

「個人プレイ」という表現は世間的にあまりよい印象を持たれていませんが、高いレベルの個人プレイの集合体が「最高のチームプレイ」になります。想像していただければおわかりのように、誰かのミスをカバーすることも、できない人を助けることも、結局は「個人プレイ」なのです。

野球で言えば、前の打者がバントを失敗してしまい、そのミスを取り返そうと次の打者がヒットを打つと「チームプレイ」」と評されますが、ヒットを打つこと自体は結局個人プレイ、というのはわかりやすいと思います。

強いチームの特徴は「個々人の役割と責任をしっかりと果たそう」とするチームです。助け合うのではなく、成果を最大化させるために相互に「連携」し合い、必要な人に必要なタイミングでフォローに入る。そのような状態こそが「相互信頼」の姿とも言えるのではないでしょうか。

「いい人なんだけど仕事はできないんだよね」と評される人に、仕事を信頼して任せられるでしょうか。関係性を高めるためには、チームプレイありきではなく、まず個人個人が「相互信頼できる、されるメンバーになれるよう己を高める」というあり方が重要なのです。

効果的なチームをつくる

Googleの効果的なチームを可能とする条件、5つの因子において最重要とされる「心理的安全性」についてはこの3章の前半で詳しくお伝えし、2番目に重要とされる「相互信頼」は先述いたしました。

ここでは残りの3つの因子について、これまで1章から3章までの内容と関連する形でお伝えしていきたいと思います。

そもそもGoogleの調査でいう「効果的なチーム」という定義ですが、「チームの効果性」というものを定量的に測るために調査したところ、「マネージャー」「チームリーダー」「チームメンバー」

という組織における立ち位置によって指標が異なっていたのです。

チームの効果性を測るために最も重要な指標として、マネージャーが挙げたのは「売上高」や「サービスの立ち上げ」などの「結果」だったのに対し、チームメンバーは「チーム内の文化と風土」が最も重要であるとし、チームリーダーの意見はちょうどその中間で「当事者意識」や「ビジョン」「目標」など、大局的な問題と個人的な問題の両方を挙げていたということです。

この結果は多くの会社でもよくある立場、階層による社員間の「視座」の違いが出ているのではないでしょうか。これらの指標を軸に、効果的なチームをつくるための条件ともいえる5つの因子を導いていています。

効果的なチームに必要な残り3つの因子

効果的なチームを可能とする条件の3つ目に重要な因子は「構造と明確さ」です。これは個々のメンバーが「職務上で要求されていること」「その要求を満たすためのプロセス」「メンバーの行動がもたらす成果」について理解していること、平たく言えばチームの「役割」「計画」「目標」が明確であり、理解されていることが重要である、という因子です。

これらは図表13‐1の「理想の上司の条件」で最上位にあった「部下に対する指示・指導・ゴール設定が的確」や、図表13‐2の「上司のどんな点を尊敬～」の2位にあった「指示・指導・ゴール設定が的確」、逆に図表13‐3の「上司への不満内容」の2位にあった「業務に関する指示・命令が不明確」などのデータにも関連すると言えます。

4つ目の重要な因子は「仕事の意味」です。これはチームメンバーが仕事そのもの、またはその成果に対して目的意識を感じられる状態であること、を意味します。

仕事の意味に関しては、例えば「経済的・生活の安定のため」「家族のため」「チームでなにかを成し遂げることに喜びがあるため」「自分の自己実現のため」など属人的なものとしていますが、図表39や図表41でもお伝えしたように、可能な限り「仕事そのもの」で動機づけできることが望ましいと言えます。

最後の5つ目に重要な因子は「インパクト」です。これは「自分の仕事には意義があるとメンバーが主観的に思えている状態」を意味しています。

わかりやすい例として、多くの会社では社内に籠ってなにかをつくる仕事や、単純作業をする仕事に従事している社員はこの「インパクト」を認識しにくい傾向があります。

与えられたものをつくること、なにかしらの作業をミスなく丁寧にこなすこと、このような仕事をしている場合、つくること、やること自体が「目的」と感じてしまい、今自分がつくっている、やっている仕事は最終的に何に繋がっているのか、どのように組織や顧客に貢献しているのかという「意義」が見えにくいためです。

そのような状態が続いてしまうと、社内という「内向き」で仕事をし、「視野」が狭くなってしまい、仕事をするモチベーションやアウトプットの質に大きく関わってきます。

そのため、個人の仕事が組織の目標達成や顧客にどのように貢献していることを可視化し、社員が「外向け」に仕事をすることで、個人の仕事のインパクトを把握しやすくなり、チームの効果性を上げる必要があるのです。

この「インパクト」つまり社員個々の仕事の意義は、社員自身が見出すことも大事なのですが、管理職が伝えることで社員に理解してもらうことも重要なのです。

上司の支援で内発的動機づけを醸成させる

ここまでの中で、内発的動機づけの根幹を支える3つの基本欲求である「自律性」「有能感」「関係性」をどのように上司が部下を「支援」して高めていくかをお伝えしてきました。

部下も「人」なので、すべて上司が思い通りにコントロールできるわけではありません。「自ら動き」「自ら成長」する社員へと導きたいのであれば、本人の「やりがいがある、楽しいと感じる」という内発的動機づけの促進を「支援」することが「上司が自分でコントロールできる」ことであり、かつ最も重要なことなのです。

またこれは本書を通してもお伝えしたように、様々な内容や考え方の中でも、管理職個人でできるレベルのものと、会社全体で実行、変革しなければいけないレベルのものがあります。

会社と管理職、それぞれが「社員が自ら動いて成長してくれる」チームになるよう、それに向けて行動を共にする必要があります。

「支援」↓「信頼」モデル

本書の核となるＥＣＳＴモデル。上司から部下への「支援」の継続によって、「信頼」が徐々に出来上がっていきます。

「信頼」は辞書的な意味でいうと「未来へのもので内側から判断して認知させる」ものです。つまり一旦の「信用」を得た管理職が実際に部下を支援、マネジメントし続けることにより、部下がその管理職に対して、実績や振る舞いなど「外側の信用」から徐々に心の中、「内側」で「信頼」になり、より強固な結びつきになっていきます。

信頼はよく「信頼残高」と表わされるように、日々貯蓄されることによって積み重なり出来上がっていきますが、逆になにかの拍子であっという間に失うこともあります。

いったん得られた信頼を継続し続けるために、現時点では部下から信頼を寄せられている管理職だとしても、「模範ｓｈａｋｅ」でお伝えしたような「人間性の９つの因子」は常に高めていかなければいけません。信頼が崩れていくほとんどの要因は人間性によるものだからです。

ＥＣＳＴモデルにより上司部下間で「強固な信頼」が形成されれば、指示待ち社員にはならず、社員が「自ら動き」「自ら成長」するようなマネジメントを築くことができます。

ひいてはその基盤が企業としての成長にも繋がり、会社と社員個人、それぞれがリンクしたビジョンの達成へ真っ直ぐに向かうことができるのです。

顧客事例

株式会社 インフィニティエージェント

代表取締役 **岡田裕平**様

株式会社 インフィニティエージェント

設　　立　2015年5月15日
従業員数　55名（2023年10月末日時点）
事業内容　デジタルマーケティング事業
　　　　　フィンテック事業
　　　　　リフォームテック事業
売　　上　27億1,100万円（2023年3月期）
　　　　　34億円（2024年3月期見込み）

「超後発」から毎年150～200％の成長率

当社、インフィニティエージェントは2015年設立のデジタルマーケティングの会社です。私はもともと事業会社で新規事業開発に従事していたのですが、事業開発後のマーケティング活動に苦戦し、1年足らずで事業をクローズしたという経験から「よい商品をつくっても、それを人に知っていただかないと意味がない」ということに気づき、デジタルマーケティング事業を行っている東証プライム企業へと転職をしました。

しかし、その企業でも「広告効果」への言及が多く、肝心の「売上」へどう寄与しているのか、そこまで言及するようなデジタルマーケティングの会社が世の中にはないことに気づきました。

そのような事業会社での失敗経験と、デジタルマーケティング会社で気づいた「広告効果のその先」へと踏み込んだ「売上につながる」という、真の意味のデジタルマーケティングエージェンシーをつくるべく、インフィニティエージェントを立ち上げました。

社名の「インフィニティエージェント」のインフィニティは「無限」を意味します。その文字通り、顧客の商品・サービスをインフィニティエージェントのセールス力とデジタルマーケティング力で「無限の可能性」を引き起こし、その結果として社会に価値を提供でき、感動を与えるような仕事をしたい。

そのような想いから、2017年にレッドオーシャンである「デジタルマーケティング事業」を始動し、その市場においては超後発の参入ながら、売上が「3・7億円」→「8・8億円」→「14億円」→「22億円」→「28億円」と、毎年150～200％の成長率で組織拡大してきました。超後発ながらもこのような成長を遂げられたのは、まさに当社を立ち上げる際に想定していた「広告効果のその先にある売上への言及」が顧客にも市場にも潜在的にあった悩みであり、それが受け入れられたのだと自負しています。

この調子で佐々木さんの書籍にもある「年商30億円の壁」の突破はもちろん、50億、100億円へ向けて一気に壁を突破して、更なる成長を目論んでいました。

年商30億円を前に「壁」が立ちはだかる

しかし、そのように組織が急拡大していくに連れて、経営とメンバーの間における物理的距離が徐々に開き、ミドルマネジメントも機能しないまま、結果として理念浸透はおろか会社へのエンゲージメントも低くなってきていたのです。

経営者である自分の想いや考え方が正確にメンバーに伝わっていない。これは経営者である自分自身の責任であることはもちろんなのですが、片方で経営者の代弁者となるミドルマネジメントが機能していない、ということが如実に明るみになりました。「売上」という面で会社は成長しているのですが、社内にはどこか「ぎこちない」雰囲気が流れており、「このままではマズい」という危機感から、組織としての一体感、結束力を強めるために、他社の事例などを参考にしながら、社内で様々な取り組みを実施しましたが、なかなかうまくいきませんでした。

そのような中、世間はコロナ禍という厳しい環境でしたが、意を決して「全社員で合宿をしよう」と、合宿に活路を見出そうとし、決行の意思決定をしました。

エースで4番社長だった自分に改めて気づいた

合宿の中でなにか「学びのコンテンツ」を取り入れようと様々な書籍で調査をしていた中で、以前から面識のあった佐々木さんの著書『年商30億円の限界突破』を読み、書籍の中にあった「エースで4番社長」という表現とその特徴が、まさにその当時の自分をそのまま表現していた内容になっていてハッとしたのです。

年商30億円の壁を超えられない企業の特徴に、例えば「社長が現場のトップとして活躍している」「経営目線で日々仕事をしているのは社内で社長だけしかいない」「社員が一人前になる前に退職してしまう」など、まさに当時の当社の状況そのものを表していました。

そのときに改めて思ったことは、自分では自分の想いや考えを伝えていたつもりでしたが、ミドルマネジメントに本当の意味でわかってもらうための「咀嚼」ができておらず、実際にミドルマネジメントから社員に対してのフィードバックが「社長がそう言っているから」や「会議で決まったことだから」という伝言ゲームになっており、大事な「Why」、つまり目的意識がなく「なぜやるのか」「なんにためにやるのか」が社員に全く伝えられていなかったのです。

私自身、しっかりとミドルマネジメントに「権限移譲」ができていると思っていたのですが、それは「形」や「口」ばかりだったのだと改めて反省しました。

合宿後に大量離職

実際に意を決して実行した合宿は、佐々木さんにリモートで実施してもらった研修以外は全くワークせず、それどころか一部の社員の「上司の悪口を言う」「社員が上司や会社を評価する」といった行動が助長されていき、それらの社員が合宿終了後に一斉に退職していく、という事態になったのです。

それが1つのきっかけとなり、「大量離職する」→「その仕事のシワ寄せが残っているメンバーにくる」→「1人ひとりの業務負担が増え、マネージャーも現場業務に忙しくなる」→「ミドルマネジメントがますます機能不全に陥る」→「退職者が出る」という負の循環に陥ってしまいました。

結果的に業績不振へとつながり、その年「通過点に過ぎない」と思っていた年商30億円を超えることなく、売上は創業以来、初めて横ばいになり、佐々木さんの本にあった「年商30億円の壁」にまんまと阻まれてしまったのです。

場当たり的な対策

ただ、その当時もただ手をこまねいていたわけではなく、打開策を見つけるために様々な書籍、文献を読んだり、組織運営がうまくいっている知り合いの社長の方々に話を聞いたり、マネージャーを集めて様々な議論を重ねたり、その中で「これをやってみよう」と思ったものを色々と取り入れたり実践したりしました。

例えば「理念カード」「理念やビジョンなどの唱和」「Good&New（※身の回りで起こったよい出来事を理念・ビジョン・マインドに重ねて発表）のシェア」「社章」「ポスター」や、帰属意識醸成のための「ステッカー・社名ラベル付きミネラルウォーターなど自社オリジナルのノベルティ」などです。しかし、それらの手法はいずれもうまく機能しませんでした。

今振り返ってみると、様々な手法は本質的な対策ではなく、すべて「行き当たりばったり」の対策であり、根本的な解決策ではなかったと思います。

そのような状況の中、合宿で研修をしてもらって以降も、佐々木さんには幹部合宿やネクストリーダー（次の管理職候補）向けの研修など、間を空けながらスポット的にサポートしてもらっていましたが、根本的解決を求めて本格的に当社に入り込んでもらうよう、お願いしました。

会社の土壌が良質になる

そうして2022年の5月から、いくつかのグループに分けて全社員を対象に、小手先のものではなく、原理原則に立ち返るという意味で「理念研修」と銘打ち、月1回、毎月実施していくプログラムを進めました。

理念やビジョンという抽象的なものに対して全社員の解釈を揃える、そして理念やビジョンは会社の「Why」、つまり「目的」なので、その目的を改めて浸透していくことで、当時バラバラだった組織を一枚岩にしたかったのです。

印象的だったのは、このプログラムの提案時に、佐々木さんから「このプログラムを実施することで、一時的に離職が増えるかもしれません。」と言われたことです。

社員1人ひとりが改めて自身と会社について深く考え、かつ価値観を共有していくプログラムなので、私自身もそれは覚悟を決めていました。

結論から言うと、このプログラムの月1回の研修の度に、社員の顔つきや飛び交う言葉が如実に変わっていきました。

研修の中で全社員に共通言語ができ、また「なぜウチの会社に入社したのか」「ウチの会社は何を目的にしているのか」「自身はその中でどのようになっていきたいのか」など、佐々木さんの言葉でいう「ビジョンリンク」を、社員1人ひとりが研修の度に咀嚼することで次第に腹落ちしていき、研修以前はそのビジョンリンクの度合いが恐らく1割程度だったと思いますが、現在は感覚値ではありますが、全社員7割程度まで引き上がったように感じます。

ミドルマネジメントに関しても、まだまだ100点とは言えませんが、私や会社の想い、目的というものを自分達の言葉で語れるようになってきています。

離職に関しても、当初想定していた通り一定数は出ました。しかしそれはそのメンバーと会社の価値観のギャップがどうしても埋まらないという結果であったため、そのメンバーの人生と、会社の未来の双方を考えるとよかったのではないかと思います。

現在まで1年半、このプログラムを実施し続けて、家庭の都合などのやむ得ない理由を除けば、かなり離職は減りました（172頁の図参照）。もちろん、まだまだ課題はありますが、1年半かけて会社の「土壌」がしっかりしてきたと思います。

会社の土壌がしっかりとしているからこそ「幹」は育つのだと思いますし、逆に会社の土壌がしっかりしていないと、時には育った幹がいきなり倒れることもあります。そのような意味では、当社が大量離職し、売上が停滞していた時期は土壌がしっかりとしていなかったのだと改めて思います。

経営としては「理念を浸透させたい」という思いで、これまで様々な取り組みをするものの、結果としては社員への「押しつけ」のような形になりうまくいきませんでしたが、現在では本当の意味で「理念が浸透できた」と実感しています。

佐々木さんをボードメンバーへ

1年半前から本格的に当社に佐々木さんに入り込んでもらい、本当によかったと思っています。これまで私自身、佐々木さんと同じような、いわゆるコンサルティング会社から数多くの提案を受けてきました。

ただ、特に中堅、大手のコンサルティング会社の場合、実際にコンサルティングをする方が経営者ではなく、経営をしたことがない一般社員だということ。また、そのような組織構造上コンサルティング単価が高く、費用対効果に見合っていないと感じること。そしてコンサルティング内容が基本的にはパッケージ商品であることなど、私としてはそのような会社にコンサルティングをお願いしたくはないと思いすべてお断りしてきました。

佐々木さんの場合は、ご自身も会社を経営されており、社員の方ではなく佐々木さん自身がコンサルティングしてくれますので、その経営者の経験と視座が私と同じ、という意味で信頼できますし、また中堅、大手という規模の会社ではないため、間接コストが載らない純粋なコンサルティング費用のみということで費用対効果が高いです。

そして、企業個別のニーズにジャストフィットする可能性が低い、かゆい所に手が届きそうで届かないような「パッケージ商品」という形ではなく、その会社の現状やニーズに対して、必要なものだけをオーダーメイドでプログラム化し実行してもらっているので、効果が出ることに疑いがありません。あとは相性でしょうか。コンサルティングサービスは人間が実行するものなので、特にサービスを受ける側とコンサルタントとの人間的な相性はとても大事だと思っています。

そのようなこともあり、当社は近い将来、上場を目指していますので、それを見据えた形で佐々木さんには昨年の10月より当社の社外取締役に就任してもらいました。佐々木さんとは定期的に食事をしているのですが、焼き鳥屋で「社外取締役になってくれないか」という私の打診に、２つ返事でＯＫをもらったのは印象深かったですね（笑）。

終わりなき成長を続け、まだ見ぬ景色を見る

やはり当社もそうでしたが、周りの多くの社長から見聞きして感じるのは、急成長している会社ほど忙しく、当社が直面している課題のような「会社の土壌」という根幹部分に立ち返ること、見つめ直すことができていないと思います。

私自身も「研修に時間を使うヒマがあるのであれば、営業活動に時間を使い、1件でも多く受注すべき」と思っていましたし、そのように思っている経営者も多くいると思います。

しかし、実際は会社の土壌がしっかりしていなければ、そして良質なものでなければ、たとえ売上が上がり、「見た目」の企業成長をしていたとしても、結局それは「市場がよいから」「たまたまうまくいっている」という短期的で中身のないものであり、いつかは継続的な成長が止まる「壁」に阻まれるときがきてしまうことを実感しています。

土壌がよくなければ育つ木の幹は太くならず、逆に細くなるどころか最悪の場合、腐ってしまいます。この表現は「企業」というものに置き換えても同じことが言えると思います。会社の土壌が良質であることにより、結果、売上も太くしっかりと伸びる。この考え方が企業を経営する上でとても重要ではないでしょうか。

当社としても気づけなかったこの「会社の土壌を見つめ直す」という課題は、いわゆる緊急性は低いけど重要性が高い「第2象限」のカテゴリだと思います。急成長をし続ける、ということと同

時に、それればかりではなく、いったん我慢して「組織をつくる」ということの大事さに改めて気づきました。
その土壌が整った上で、営業の強化を中心とした「人が育つ仕組み」、その人達がしっかりと業務を遂行できる「オペレーションの整備」、そしてその実行とモニタリングができている「ミドルマネジメント」。これらがしっかりとできていれば、当社もそれに該当しますが「労働集約ビジネス」形態の企業は間違いなく成長できます。
私は「終わりなき成長を続け、まだ見ぬ景色を見る」という個人的な理念を掲げています。先述しましたが、近い将来上場をすることをマイルストーンの1つに置き、私自身としても会社全体としてもそれをゴールとはせず、更なる成長をし続け、当社の理念である「セールスとデジタルを駆使し、無限の可能性を引き起こす」や、ビジョンである「変化を恐れず新しいことにチャレンジし続け、社会に価値を人に感動を提供する企業」へ向けて、これからも邁進していきたいと思っています。

【株式会社インフィニティエージェントの変遷】

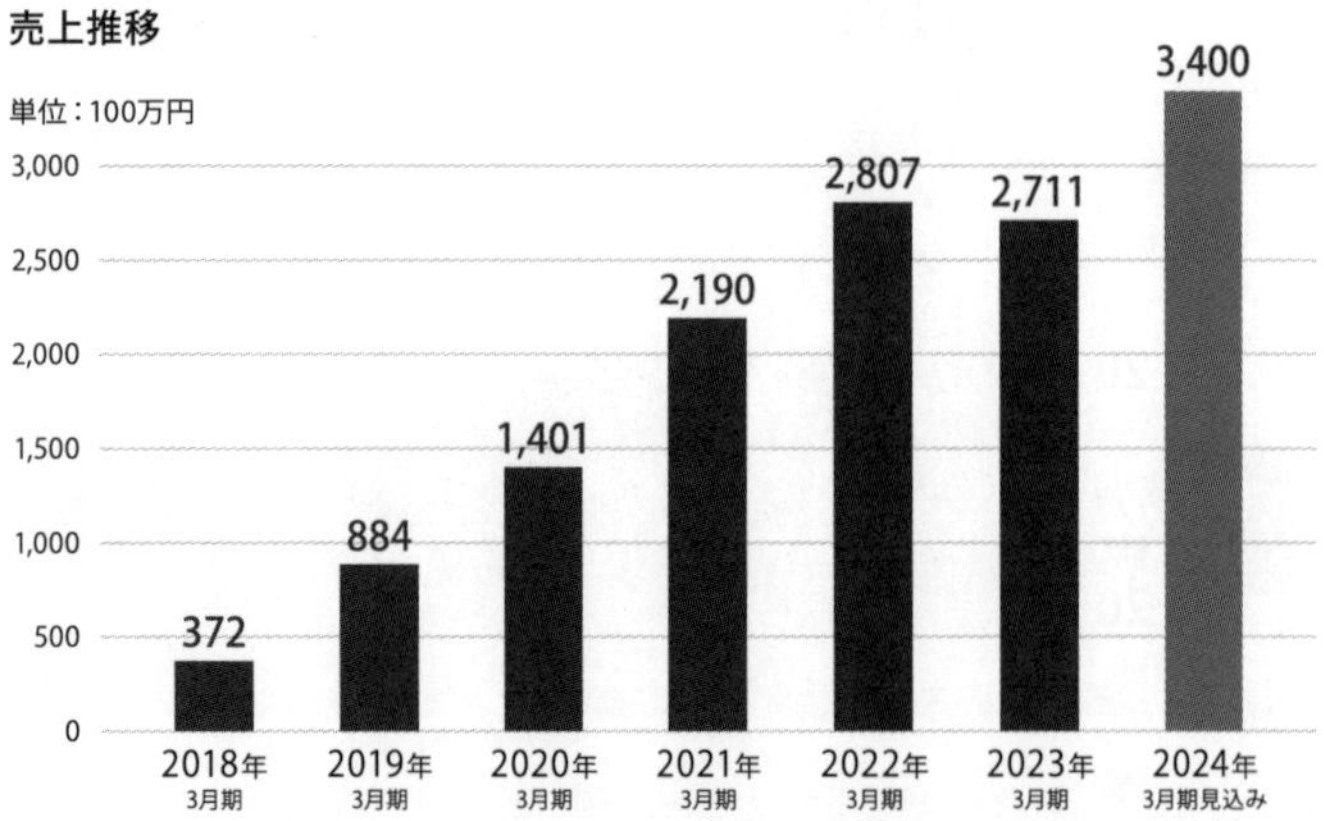

2022、2023年度は年商30億円の壁に阻まれるも、
2024年度はその壁を突破する見込み

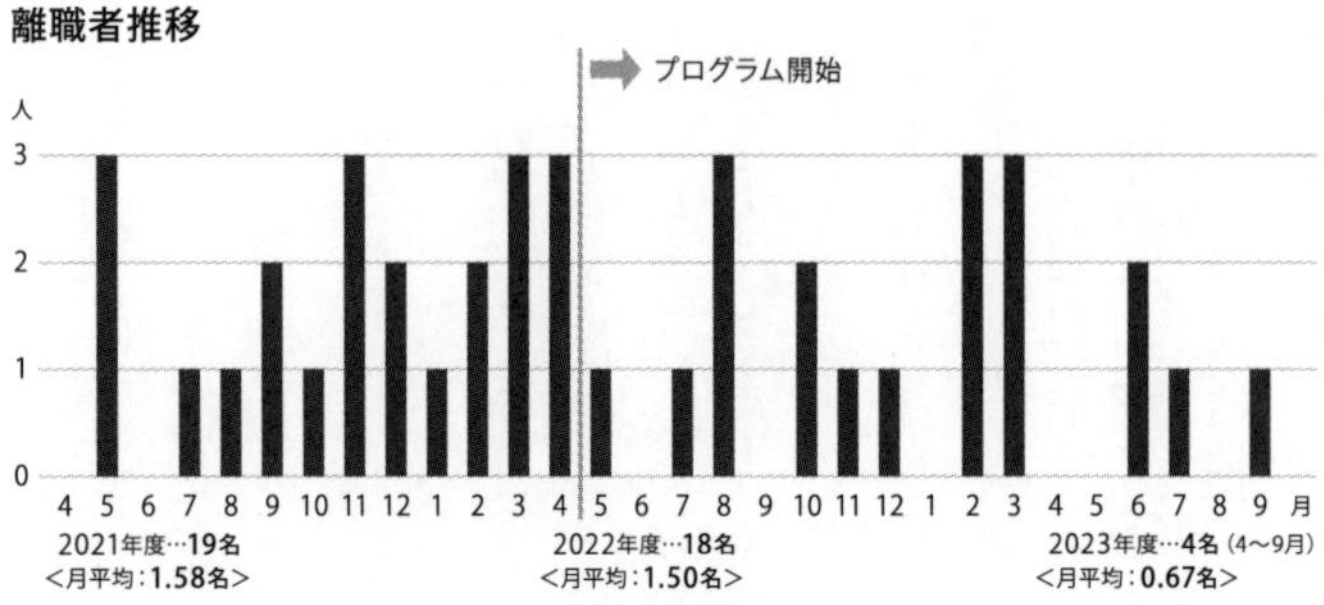

時間をかけながら離職者数に歯止めをかけ、
コアメンバーが定着するように

【株式会社インフィニティエージェントの実施プログラム ※前半部分のみ抜粋】

【第1回】 2022年5月	① ビジョンの再共有 ② 裏切りの認識とシェア ③ Google「インパクト」外向けの貢献への認識 ④ アクションプラン
【第2回】 2022年6月	① アクションプランのPDCA ② マインド1の裏切りの認識とシェア ③ Google「心理的安全性」謙虚と感謝の紐づけ ④ アクションプラン
【第3回】 2022年7月	① アクションプランのPDCA ② マインド2の裏切りの認識とシェア ③ 社員がもつべき社長の意識、経営とは ④ アクションプラン
【第4回】 2022年8月	① アクションプランのPDCA ② マインド3の裏切りの認識とシェア ③ Google「相互支援」助け合いのチームは弱い ④ アクションプラン
【第5回】 2022年9月	① アクションプランのPDCA ② マインド4の裏切りの認識とシェア ③ マンダラチャート・キャリア設計シート ④ アクションプラン
【第6回】 2022年10月	① アクションプランのPDCA ② マインド5の裏切りの認識とシェア ③ 利他の意味合い・成功ギバーとWin-Win ④ アクションプラン

理念ビジョンの浸透を目的とし、プログラムの中では
インフィニティエージェントのビジョンとマインドについての落とし込みを行っていった。

ビジョン

変化を恐れず
新しいことにチャレンジし続け
社会に価値を
人に感動を提供する企業

マインド

1 常に謙虚で感謝の気持ちを持つこと
2 全員社長の意識を持ってチームで経営すること
3 諦めないこと、建設的に取り組むこと
4 思考は現実化すると信じ、理想の自分を創造すること
5 関わる全ての人を大切に、利他の心を持つこと

おわりに

本書では「ウチの社員は指示しないと動かない」「スタッフが思ったように成長してくれない」など、業種や規模に関係なく、多くの企業で抱えているこれら「部下育成」という悩みに焦点を当て執筆いたしました。

少子高齢化に伴う人材不足、労働力不足は今後ますます加速していくものと見られ、人材採用における企業間の競争は激化を免れない中、「今いる社員」「これから入社してくる社員」という貴重な人材をいかにして育てていくかが、ＶＵＣＡと言われる現代においては「企業として生き残れる」ための1つの重要ポイントではないかと思います。

本書では、その重要ポイントである部下育成を「ＥＣＳＴモデル」という形で、いくつかの調査や研究結果などを根拠のベースとし、それに私自身のこれまでのコンサルティング経験に基づく知見と組み合わせた形で、どのような考え方、流れ、アウトプットによって社員が「指示待ち」ではなく「自ら動き」そして「自ら成長」するか、をお伝えしました。

私自身も顧客の管理職とコミュニケーションをとる中で如実に感じるのが、部下育成に悩んでいる管理職ほど「どのようにすれば部下が動くか」や「何を行えば部下は成長してくれるのか」という「今すぐ使える」「即効性がありそうな」スキルやテクニックを欲している傾向が高いです。

しかし、実際には本書の中でもお伝えしているように、社員、部下というものは機械ではなく人間ですので、スキルやテクニックだけで変わることはほとんどなく、また即効性のあるものも少ないです。

もちろんそれらも大事なのですが、もっと深く本質的な部分を管理職が理解し、そして変えていくことが重要であり、何より「時間をかけて」という長期的目線で継続していかないことには、根本的な解決にはならないと思います。

企業にとって「社員育成」は目的ではなく手段ですが、この課題によって「企業成長の壁」に阻まれている会社も非常に多いのです。

そのような意味では、社員育成という課題を解決することによって、社員1人ひとりと共に会社全体としても成長していく、という姿は容易に想像できると思います。

本書を執筆するにあたり、顧客インタビューに快く応じていただいた株式会社インフィニティエージェントの岡田社長に感謝申し上げます。

社員に「自ら動き、自ら成長してもらいたい」と思っている経営者や管理職が、1社でも、そして1人でも多く「社員が自ら動き、成長できる会社、管理職」となれるようにと思いを込めた本書が、その一助になれれば幸いです。

2023年11月

WITH株式会社　代表取締役　佐々木　啓治

著者略歴

佐々木　啓治（ささき　けいじ）

ＷＩＴＨ株式会社　代表取締役
1984年生まれ　山形県出身。

「年商30億円」「従業員30名」「創業30年」など、企業成長の過程において阻まれる「壁」を超えるサポートを専門としたコンサルタント。

大学卒業後、人事コンサルティングファームに入社し、3年で50社のコンサルティングに携わった後、2010年に独立。

「企業成長の壁超え」に特化した独自のコンサルティングノウハウで、年商30億円や従業員30名の直前で伸び悩んでいる企業の壁超えを続出。

顧客から「ここ数年、売上が10億円で停滞していたが、30億円を超えることができた」「社長である自分が現場から離れても従業員30名を超え、成長し続ける組織になれた」など高い評価を得る。

現在も「関わる全ての顧客の壁超えに貢献する」をミッションに日々奮闘中。


社員が「自ら動き」「自ら成長する」チームのつくり方

2023年12月27日　初版発行　　2024年2月27日　第2刷発行

著　者　佐々木　啓治　© Keiji Sasaki

発行人　森　忠順

発行所　株式会社 セルバ出版
〒113-0034
東京都文京区湯島1丁目12番6号 高関ビル5B
☎03（5812）1178　FAX 03（5812）1188
https://seluba.co.jp/

発　売　株式会社 三省堂書店／創英社
〒101-0051
東京都千代田区神田神保町1丁目1番地
☎03（3291）2295　FAX 03（3292）7687

印刷・製本　株式会社 丸井工文社

Printed in JAPAN
ISBN978-4-86367-865-1